教育部人文社会科学研究青年基金项目（19YJC890040）

中国青少年足球运动员选材指标体系构建研究

孙哲　著

中央民族大学出版社
China Minzu University Press

图书在版编目（CIP）数据

中国青少年足球运动员选材指标体系构建研究 / 孙哲著 . -- 北京：中央民族大学出版社，2024.6. -- ISBN 978-7-5660-2368-1

Ⅰ. G843.25

中国国家版本馆 CIP 数据核字第 2024LS5221 号

中国青少年足球运动员选材指标体系构建研究

ZHONGGUO QINGSHAONIAN ZUQIU YUNDONGYUAN XUANCAI ZHIBIAOTIXI GOUJIAN YANJIU

著　　者　孙　哲
策划编辑　赵秀琴
责任编辑　艾　帅　高明富
封面设计　舒刚卫
出版发行　中央民族大学出版社
　　　　　北京市海淀区中关村南大街 27 号　　邮编：100081
　　　　　电话：（010）68472815（发行部）　传真：（010）68933757（发行部）
　　　　　　　（010）68932218（总编室）　　　（010）68932447（办公室）
经 销 者　全国各地新华书店
印 刷 厂　北京鑫宇图源印刷科技有限公司
开　　本　787×1092　1/16　　印张：18
字　　数　249 千字
版　　次　2024 年 6 月第 1 版　2024 年 6 月第 1 次印刷
书　　号　ISBN 978-7-5660-2368-1
定　　价　78.00 元

前　言

改革开放以来，我国经济社会快速发展，全国人民殷切期盼中国足球的振兴与发展，这关系到群众身心健康和优秀文化的培育、我国体育产业的发展、国家综合实力的显示，对于促进社会大众参与体育、促进经济社会发展、建设体育强国、实现中华民族伟大复兴的中国梦具有重要意义。无论是足球强国，还是足球尚不发达的国家，青少年足球后备人才培养都是发展本国足球运动的重要措施。2018年1月31日，中国足协青训中心授牌并明确表示将全面深化足球青训体系改革，建立健全“职业俱乐部青训体系、省市体育局青训体系、城市青训体系、体教结合校园青训体系、社会俱乐部青训体系”为一体的多元化后备人才培养体系。我国青少年足球运动员的科学化选材是青少年足球运动员后备人才培养的基础，一定程度上反映了国家足球竞技水平的发展程度。青少年足球运动员选材指标体系构建既不应直接仿照西方等足球水平发达的国家，也不应延续过去经验选材的老路，而应该从中国的实际出发，学习和借鉴国外成功的经验与做法，充分利用和发挥我国体制优势，通过对我国不同年龄段青少年足球运动员的大量实测数据进行分析，建立符合我国实际的青少年足球运动员选材指标体系。

本研究立足国家足球改革发展的战略导向、中国竞技足球运动可持续发展的要求，以中国青少年男子足球运动员选材指标体系构建作为研究对象。在中国青少年足球运动运动员选材科学化进程中，对青少年足球运动员选材研究的理论基础进行梳理与探讨，考察现阶段中国青少年男子足球运动员选材的现实状况，借鉴青少年足球运动员选材的国际经验，并构建符合我国实际的青少年男子足球运动员选材指标体系。通过调查研究和实证分析，重点对我国青少年男子足球运动员选材指标、我国青少年男子足球运动员选材指标的权重、我国青少年男子足球运动员选材指标单项评分标准等方面进行全面的介绍与研究，提出符合我国实际的多元化青少年足球后备人才长期选材策略及后续应用建议。

本研究在“导论”部分围绕研究背景与研究意义，提出本书的研究对象、研究目标、主要研究内容、研究的框架及思路、研究具体方法、研究创新点，详细阐述作为本研究重要理论基础的运动训练学理论、运动选材理论，同时对足球运动员选材、指标体系等相关概念与内涵进行阐释与明晰，以此为后期的实证研究提供明确的思路和坚实的理论支撑。

首先，正文部分对足球运动员选材的发展及其演变进行了梳理，采用文献资料法和知识图谱分析法着重对国外青少年足球运动员选材研究相关领域、核心机构、核心作者、重要文献等进行发掘与深入剖析；其次，阐述与分析我国青少年男子足球运动员选材指标体系构建的基本原则、初建的选材指标体系、测试方法与测试程序等，以及选材指标体系构建的过程与具体方法；再次，尝试采用参数检验和非参数检验的方法对两组不同竞技水平运动员的实测数据进行对比分析以初步筛选指标，进而采用因子分析方法优化选材指标体系并得出各级指标的权重系数；最后，本研究采用百分位数法计算，以确定不同年龄段青少年足球运动员选材指标的单项评分标准。

在对全文进行总结的基础上，本文提出的主要研究结论为：

第一，青少年足球运动员选材研究呈现多学科交叉渗透、综合性强的特点，以及涉及学科之间微观与宏观多向融合、分离与交叉并进的趋势。依据 Hype Cycle 曲线理论，国际足球运动员选材研究历经萌芽期阶段、过热期阶段、瓶颈期阶段、较成熟期阶段，研究者对于足球运动员选材不断深入认识，研究内容和焦点逐渐泛化，研究热点聚焦在足球运动员人体形态学测量、足球运动员的个体发展、足球运动员选材手段的可靠性、足球运动员的生长及成熟度、足球运动员的体能和技能运动表现、足球运动员选材模式科学化等方面。

第二，青少年足球运动员选材指标体系的构建可为青少年足球运动员选材提供量化评估，是促进青少年足球后备人才培养的科学依据。本研究构建的青少年男子足球运动员选材指标体系包括了六个年龄段的不同指标体系，其中12～16岁男子足球运动员选材指标体系是由形态、机能、身体素质、技术、心理五大维度内容作为一级指标，二级指标的数量、内容、权重和单项评分标准因年龄不同而有所差异。

第三，12～16岁男子足球运动员选材一级指标中技术的权重占比均最高。其中12岁、13岁、14岁男子足球运动员一级指标及权重为：身体形态（0.1）、身体机能（0.1）、身体素质（0.2）、心理（0.2）、技术（0.4）。15岁男子足球运动员一级指标及权重为：身体形态（0.1）、身体机能（0.1）、身体素质（0.25）、心理（0.25）、技术（0.3）。16岁男子足球运动员一级指标及权重为：身体形态（0.15）、身体机能（0.1）、身体素质（0.25）、心理（0.2）、技术（0.3）。

第四，17岁男子足球运动员处于专项提高阶段的初期，该阶段的训练内容和训练安排应为最佳竞技阶段的训练打牢基础，同时应将基础训练阶段和最佳竞技阶段做好衔接。形态、素质、机能、心理、专项技术和比赛技战术表现是守门员、后卫、中场、前锋球员共有的一级指标，但指标权重和单项评分标准因位置不同而有所差异；二级指标及其权重具有明显的位置特征，能够较明显地反映运动员的位置需求。

目　录

第一章　导　论

第一节　研究对象与研究背景

随着2015年《中国足球改革发展总体方案》① 等一列文件的出台，我国青少年足球后备人才的培养工作越来越得到社会各界的重视，需进一步完善常态化小学、初中、高中、大学四级足球竞赛体系，建立教育、体育和社会相互衔接的人才输送渠道。因此，渗透在青少年训练整个过程的足球运动员选材实践工作便显得尤为重要。运动员选材研究的问题一直是体育科学家面临的挑战性任务之一，同时也是体育强国共同关注的重点研究领域。青少年足球运动员选材的发展情况直接反映了一个国家足球发展的水平，运动员选材成功意味着训练成功了一半，运动员选材在竞技体育中的地位十分明确。纵观我国足球运动的发展进程，其竞技水平和发展速度远远落后于欧美和亚洲其他足球发达国家，尽管近几年中超联赛资本的强势介入使各俱乐部在亚洲的赛场上取得较为优异的成绩，但是中国国家队和国青队的屡屡失利仍说明重视本土青少年球员的发展才是中国足球长远进步的基石，正所谓“少年强则国强”。

目前我国优秀足球后备人才的选材现状，主要是通过教练员的主观评价模式进行，每个教练员评价时的侧重点都有所不同，缺乏一定的科学依

① 国务院办公厅．中国足球改革发展总体方案[M]. 北京：人民出版社，2015：2–3.

据，因此，进行科学化的足球运动员选材就成为当务之急。青少年足球运动员选材难度较大的原因主要有两个，一方面，执教青少年运动队的教练员通常不具备应用科学手段来处理选材问题的能力，而多数精通应用科学手段选材的体育科研人员却又没有实际的经验来开发更加实用且与专项能够很好结合的观察与测试指标；另一方面，我国关于足球运动员选材研究的出版物相对较少，并且有些研究属于本国体育方面的机密，只有少数权威著作涉及天才认定的问题。因此，基于对足球运动项目本质特征和足球运动员竞技能力结构的深入认识，构建我国青少年足球运动员的选材指标体系、探索科学的选材方法，对于加快我国足球运动员选材的科学化进程、促进青少年球员的培养均有着一定的实践意义。

一、研究对象

本研究以中国青少年男子足球运动员选材指标体系构建作为研究对象。在中国青少年足球运动运动员选材的科学化进程中，对青少年足球运动员选材研究的理论基础进行梳理与探讨，考察现阶段中国男子青少年足球运动员选材的现实状况，借鉴青少年足球运动员选材的国际经验，并构建符合我国实际的青少年男子足球运动员选材指标体系，主要包含三个方面：一是我国青少年男子足球运动员选材指标；二是我国青少年男子足球运动员选材指标的权重；三是我国青少年男子足球运动员选材指标单项评分标准。

二、研究背景

（一）现阶段我国实现足球运动振兴的迫切需要

2015年2月27日上午，中央全面深化改革领导小组第十次会议在京举行，会议审议通过了《中国足球改革发展总体方案》[①]。本次会议特别强调了我国体育事业发展的重要性，提出实现中华民族伟大复兴的中国梦与中国体育强国梦息息相关。要建设体育强国，振兴足球是必然的要求，同时这也是全国人民的共同愿望。无论是足球强国，还是足球尚不发达的国家，青少年足球后备人才培养都是发展本国足球运动最重要的措施，在青少年后备人才中科学选材是开展竞技体育的开端，是事关取得优异运动成绩、攀登世界冠军宝座最强有力的要素。现在随着校园足球的开展，全国参与足球运动的青少年越来越多，那么运用现代的科学技术和方法，发现和挑选那些先天竞技能力高、后天可训练性又强的运动员就尤为重要。

（二）我国青少年足球运动员科学化选材的现实需要

国际上关于足球运动员选材研究的文献不断出现，各国学者和足球从业人员深刻认识到这对于各国足球长远发展的深刻意义，文献的研究主题和内容不断丰富，国际足球运动选材研究领域呈现出多学科交叉融合的综合性特点。然而，反观我国对于足球运动员选材领域的研究，情况则不太乐观。一方面笔者通过查阅中国知网，检索得到该研究领域的文献有70篇，其中1990年之前的文献有17篇，说明我国针对足球运动员选材的研究相对缓慢。另一方面，我国的足球运动员选材研究大多是对运动员竞技能力某一指标或几个指标单独进行研究，比如身体素质指标、形态学指标等，缺乏心理方面的定量研究。从足球运动竞技能力进行全方位选材的研究很少，只有国家体委运动员科学选材研究组曾凡辉、王路德、邢文华等人在1990—1991年对我国少年足球运动员群体进行实际测试后制定的选材标准[②]，这是我国广大体育科研工作者和教练员几十年来辛勤劳动的结晶。随着现代足球运动的快速发展，技战术、比赛要求与20世纪90年代已不尽相同，之前的选材标准在一定程度上与现代足球运动员应具备的各

① 国务院办公厅. 中国足球改革发展总体方案[M]. 北京：人民出版社，2015：2-3.

② 曾凡辉，王路德，邢文华，等. 运动员科学选材[M]. 北京：人民体育出版社，1992：515-549.

方面能力有较大差别，已不能完全满足现代足球运动选材的需要。构建全新的足球运动员选材指标体系和评价标准就显得尤为重要，这有利于加快我国足球运动员选材的科学化进程。

（三）青少年足球运动员选材研究与国家足球运动竞技水平的发展

整理Web of science数据库自1995年以来全球足球运动员选材研究领域的相关文献，可以发现作者遍布于欧洲、美洲、大洋洲、亚洲和非洲的41个国家，这体现了世界第一大运动的受欢迎和普及程度，以及各国对于足球运动员选材的高度重视。在五个大洲之中，欧洲发文量占总数的64%，排在第二位的地区为美洲，占总数的17%。大洋洲、亚洲、非洲的发文量占比依次为14%、3%、2%。其中发文量在10篇以上的有11个国家和地区，8个来自欧洲，2个来自美洲，1个来自大洋洲，包括欧洲五大联赛的德国、西班牙、意大利、英格兰、法国，以足球青训著称的荷兰、葡萄牙和比利时，亚洲足球霸主澳大利亚，以及体育强国美国。在足球运动员选材研究领域中以英格兰、荷兰、德国等为代表的欧洲明显处于领先的核心地位，以美国、巴西为代表的美洲位列其次，而以日本、中国为代表的亚洲和非洲各国处于足球运动员选材研究领域的外延。

对进行足球运动员选材研究数量与国际足联发布的各国FIFA男足积分排名的官方数据进行相关性分析，发现二者具有较强的相关性，在0.01水平上显著相关。研究数量来自各国科研人员长期的积累，而FIFA官方发布的积分排名以各国国家队的各项比赛成绩为依据，在很大程度上代表着各国的足球竞技水平，由上述统计数据可见足球运动员的选材理论和实践研究在竞技足球运动发展中的重要意义。

（四）青少年足球运动员选材的良好社会效应

在当前竞技体育体制下，我国青少年足球运动员由于较多的时间用于训练和比赛，势必在文化学习、社会活动等方面受到一定的影响。若做好选材工作，通过严格筛选、重点培养、层层衔接，降低淘汰率，提高成材率，在一定程度上能够减少人力、物力、财力的浪费，减少青少年足球运动员升学就业、社会活动等方面的不利影响并产生良好的社会效应。

第二节 研究目标、意义与创新

一、研究目标

本研究立足于振兴中国足球的时代背景和国家足球改革发展的战略导向，以多学科的理论与方法为依据，以中国青少年男子足球运动员选材指标体系构建为研究对象，进而提出本研究的中心目标：创设一个青少年男子足球运动员选材指标体系构建的逻辑框架；在大量的数据统计与分析的基础上，建立不同年龄段青少年男子足球运动员竞技能力的数据库，以构建我国青少年足球运动员科学的选材指标体系，并在此基础上制定单年龄段的评价标准，进而提出青少年足球后备人才长期选材策略及后续应用建议。该中心目标可进一步分解为如下具体目标：

一是以中国足球改革发展为契机，对职业足球俱乐部青训中心、省市体育局足球青训中心的青少年运动员的体能、技能、心理等各项核心指标进行测试和数据挖掘，旨在对各年龄段运动员初选选材指标进行筛除和优化，构建科学的初级和中级选材指标体系。

二是制定青少年足球运动员的单项选材指标评价标准。基于青少年足球运动员选材指标体系，设计科学的足球测试场景和方法，对12～17岁青少年男子运动员的足球专项能力指标数据进行数理统计和定量分析，完成单项选材指标评价标准的制定。

三是利用大数据建立青少年足球运动员选材综合评价方法，有效甄别具有发展潜力的青少年足球运动员，推进我国足球后备人才选材科学化进程。

四是通过青少年足球运动员选材指标体系的建立，为基层教练员提供数据支撑，一定程度上淡化其“经验主义”，为“职业俱乐部青训体系、省市体育局青训体系、城市青训体系、体教结合校园青训体系、社会俱乐部青训体系”为一体的多元化后备人才培养体系的选材路径提供实践经验。

二、研究意义

足球运动快速发展，竞争日益激烈，这对我国足球运动员选材工作提出了更新、更高的要求。本研究试图构建我国12～17岁青少年男子足球运动员选材指标体系，通过大量的实地测试以对我国12～17岁青少年男子足球运动员竞技能力的各个方面进行全面深入的研究，并探索我国青少年男子足球运动员选材指标单项评价标准和综合评价方法，为科学地选材提供一定的参考与借鉴，提高我国竞技足球选材科学化水平。

（一）理论意义

2017年1月18日召开的第十届中国足协第三次会员大会上通过的《中国足球青训体系建设“165”行动计划》将“球探”“青少年竞训技术档案”列入其中。2018年1月31日，中国足协青训中心授牌并明确表示将全面深化足球青训体系改革，建立健全“职业俱乐部青训体系、省市体育局青训体系、城市青训体系、体教结合校园青训体系、社会俱乐部青训体系”为一体的多元化后备人才培养体系。因此，构建完善的球探体系，在青少年后备人才中应用大数据进行科学的选材，发现和挑选那些先天竞技能力高、后天可训练性又强的运动员是实施青少年人才培养的战略需要，是实现“中国足球总体改革”战略的重要内容，也是推动我国竞技足球运动发展的理论基础。

本研究基于全新理论视角和过往选材理论的分析，构建青少年足球运动员选材指标体系和不同年龄段单项指标评分标准，为基层教练员进行选材提供数据支撑，一定程度上淡化其“经验主义”，为多元化后备人才培养提供新模式、新途径。

（二）现实意义

本研究立足国家足球改革发展的战略导向、中国竞技足球运动可持续发展的要求，是基于多视角、多层次的系统分析与实证研究。探究现阶段我国青少年足球运动员选材存在的关键问题、面临的主要困难等，构建我国青少年足球运动员选材指标体系，为推进我国青少年足球运动员选材的科学化模式建立与加快进程提供一定的参考和优化发展思路。

本研究基于不同年龄段青少年男子足球运动员选材指标体系，通过数据统计分析，制订各年龄段球员单项选材指标评价标准，探索和分析不同年龄球员专项能力的发展特征、各项能力发展的最优发展期和衔接期，为“职业俱乐部青训体系、省市体育局青训体系、城市青训体系、体教结合校园青训体系、社会俱乐部青训体系”对青少年运动员的各项足球专项能力指标进行科学评价，为寻找球员发展的优势与不足提供一定的数据支撑。

另外，本研究采用定性研究和定量研究相结合的方法，利用主成分分析、因子分析和参数、非参数检验等统计方法，结合对我国高水平足球教练员和专家的问卷调查，建立科学的、切实可行的青少年男子足球运动员的选材指标体系、相关单项指标评价标准和综合评价方法，以期为我国青少年男子足球运动员选材提供借鉴，加快今后足球运动员选材的科学化进程，促进新形势下我国足球运动的发展。

三、研究创新

（一）构建我国青少年足球运动员选材指标体系

本研究基于多视角、多层次的系统分析与实证研究，探究现阶段我国青少年足球运动员选材存在的关键问题、面临的主要困难，并对职业足球俱乐部青训中心、省市体育局足球青训中心的青少年运动员的体能、技能、心理等各项核心指标进行测试和数据挖掘，进而建立科学的、切实可行的我国青少年男子足球运动员的选材指标体系。

（二）建立我国不同年龄段青少年足球运动员选材指标单项评分标准

青少年足球运动员选材是青少年足球运动训练的基础，本研究通过设计科学的足球测试场景和方法，对12～17岁青少年男子运动员的足球专项能力指标数据进行数理统计和定量分析，进而构建不同年龄段青少年足球运动员选材指标体系，并制订了量化的青少年足球运动员的单项选材指标评价标准，为基层教练员提供数据支撑，力求一定程度上淡化其“经验主义”意识。

（三）建立我国不同年龄段青少年足球运动员竞技能力数据资料库

通过对我国职业足球俱乐部梯队、青训中心、省市体育局足球青训中心青少年运动员的体能、技能、心理等各项核心指标进行统一测试，借助数据整理、统计和处理，建立包括不同年龄段优秀青少年足球运动员的科学、有效、客观的竞技能力数据资料库，一定程度上有利于对运动员的纵向追踪研究、横向对比分析、足球运动员选材的科学化进程等。

第三节　研究的理论平台构建

英国、法国、德国、荷兰等足球发达国家的职业化足球起步较早，国家队和各级俱乐部形成了各自的选材理念与标准。而本研究立足本国实际情况，从我国青少年足球运动员竞技能力的现实状况出发，主要分析青少年男子足球运动员选材指标体系与单项指标评价标准，阐明青少年男子足球运动员指标体系构建的逻辑，从而为青少年男子足球运动员科学化选材提供建议，为科学化选材奠定一定的基础。本研究基于多学科理论，主要包括运动训练学理论、运动员选材理论。

一、运动训练学理论

（一）运动员竞技能力定义与结构

我国运动训练学学者田麦久、刘大庆在《运动训练学》一书中提出竞技能力的释义，认为竞技能力“即指运动员的参赛能力，由运动员参加比赛的主观条件或自身能力所构成，并综合地表现于专项竞技的过程之中”，“任何运动项目、任何运动员的竞技能力都是由具有不同表现形式和不同作用的体能、技能、战术能力、心理能力和认知能力构成，它们之间相互影响、相互作用，是一个有机的整体，但是这五种子能力在不同的运动项目中所起作用的等级有所不同。”运动员竞技能力的构成因素在比赛中有着不同的竞技表现，其中体能主要表现在力量、耐力、速度、柔韧、协调、灵巧上，技能主要表现在动作稳定性和动作质量上，战术能力主要表现在自身发挥、干扰对手、影响判定上，心理能力主要表现在参赛情绪动员、比赛情绪控制和竞技意志保持上，知识能力主要表现在竞技知识的掌握与运用上。

有研究认为，足球运动员的竞技能力的划分不应该直接移植运动训练学中对于所有运动项目划分的方法，而是应该总结一套能够客观反映出足球专项特征的结构模式，并提出足球运动员竞技能力包括足球行动、足球意识、足球意向三个方面的能力[①]。本研究将上述两种关于足球竞技能力和专项特征的观点相结合分析。

足球运动员选材必须与足球专项竞技能力的需求相结合，足球专项竞

① 王锋. 足球运动员竞技能力系统研究 [J]. 山东体育学院学报，2007，23（6）：93-95.

技能力的构成在一定程度上直接影响到足球运动员选材基本因素中运动员个人因素的构成[①]。本研究所要构建的足球运动员选材指标体系，应该是对选材对象个人因素各个方面进行指标筛选之后所得到的指标集合。因此，对于足球运动员竞技能力的分析是选材指标体系构建的依据和前提。

（二）竞技能力结构模型

日本学者根本勇在运动训练领域中移植了经济领域的“木桶模型”，将运动员竞技能力的各项子能力形象地看作组成木桶的各个木片，木片的长短代表各竞技能力结构各要素的发展水平，木桶中水的高度代表运动员竞技能力。该模型过分追求运动员竞技能力各结构间的平衡、协调及全面发展，却忽视了现实中运动员处于优势的构成因素对于处于劣势的构成因素的弥补影响。因此，为了能够进一步揭示竞技能力结构之间的关系，从理论高度上指导科学的运动训练，我国体育学者田麦久、刘大庆于20世纪90年代提出了运动员竞技能力结构的积木模型，与木桶模型合二为一组成双子模型理论。

双子模型理论[②]认为运动员竞技能力结构存在短板效应，即竞技能力构成要素中劣势子能力在一定程度上会影响运动员总体竞技水平的发展，它是在木桶理论基础上的发展与演进，同时通过对大量运动员竞技能力特征指标的统计分析发现竞技能力结构的非衡特征，某方面高度发展的素质或者能力可以在一定程度上对于发展水平处于弱势的素质或者能力起到弥补和代偿作用。双子模型理论让我们准确地认识到运动员竞技能力是一个复杂的、各要素交互影响的结构，在训练和竞赛等活动中，既要注重其平衡性、整体性，同时也要注重各因素之间相互弥补的特性。本研究建立的科学选材指标体系必须以此为出发点，正确认识和把握足球运动员竞技能力构成及其结构特征，这对足球运动员各级选材均具有重要的导向

---

① 王金灿. 运动选材学[M]. 北京：人民体育出版社，2009：19–20.

② 田麦久，刘大庆. 运动训练学[M]. 北京：人民体育出版社，2012：32–37.

作用[①]。

（三）运动员竞技能力发展的长期性与阶段性

运动员的运动训练是一个长期的系统性过程，为了保证运动员竞技能力的不断提高，其运动训练过程应是持续进行的，即保持其训练的连续性，这样才有可能达到竞技运动的高峰。同时，由于运动员每个年龄段的身心发育特点、运动员对于负荷的耐受能力等方面存在不同程度的差异，运动训练过程具有阶段性的特点，基于培养高水平竞技能力的优秀运动员的任务，各个阶段应采用相应的训练内容、训练方法、训练负荷规划等。田麦久、刘大庆从一般训练、项群训练、专项训练的不同视角不断地总结不同项目的竞技特点和运动员的训练时间跨度、年限等，系统地提出了运动员的全程性训练过程的四阶段组织模式[②]，并且对各个阶段的主要任务进行了归纳和总结，其中基础训练阶段（3～5年）的主要任务是发展多种运动能力，专项提高阶段（4～6年）的主要任务是提高专项竞技能力。

足球运动员竞技能力发展的过程应遵循上述技能主导类项目的全程性划分，包括基础训练阶段、专项提高阶段、最佳竞技阶段和高水平保持阶段，同时各个阶段的主要任务和训练年限，以及训练重点内容和顺序有所不同。通过专家访谈，结合足球运动的项目特点，可知12～17岁的足球运动员处于基础训练阶段和专项提高阶段的初期，该阶段的训练内容和训练整体安排应该是为最佳竞技阶段的训练打牢基础，同时将基础训练阶段和最佳竞技阶段做好衔接。处在该阶段中的足球运动员在经历了基础训练阶段之后应具备良好的基本运动能力、运动素质、多项足球基本技术和一般的心理品质，而这些基础训练阶段的训练重点内容也应作为青少年足球运动员选材所重点考察的内容。

（四）足球运动的项目特征

纵观近几年世界足球运动的发展，欧洲和美洲国家的足球成绩和战术

① 钟添发，田麦久．运动员竞技能力模型与选材标准[M]．北京：人民体育出版社，1994.

② 田麦久，刘大庆．运动训练学[M]．北京：人民体育出版社，2012：322–329.

理念始终保持在世界前列，引领着世界足球运动发展的方向，如2010年南非世界杯和2014年巴西世界杯前四名是三支欧洲球队和一支美洲球队。现代足球运动随着世界各队足球战术理念的发展趋向也表现出与以往不同的特征，对高水平比赛进行观察分析和总结，以获取关于现代足球运动的特征，这也会对本研究中的青少年足球运动员选材指标体系的构建起一定的导向作用。

整体性。足球运动是一项集体性的技能主导类对抗性项目①，其整体性主要表现在场上所有队员之间战术思想、行动的统一和配合。如进攻时，整体阵型的前移、三条线保持合理的距离、集体拉开宽度制造传球的空间和路线等；防守时，整体阵型的回缩防守、三条线保持合理的距离、左中右统一的波动式防守、压迫式防守时所有队员的协同合作与队形的整体保持等。现代足球运动的整体性并不是忽略球员个人能力的表现，而是在发挥球队整体最高竞技能力、实施赛前战术布置的基础之上，为球员个人能力的发挥创造出更好的条件和机会，从而合力取得比赛的最终胜利。

多变性。足球比赛结果具有很大的不可预测性，场上情况瞬息万变。"变"是足球运动永恒的主题，主要体现在战术打法的多变性、比赛阵型的多变性上。高水平的比赛中，赛前部署的比赛战术需随着比赛现场情况进行改变。此外，场上左右边路队员的位置也会改变，以达到获胜的目的。比赛阵型也处于不断的动态变化之中，如世界强队德国队在进攻时的阵型为2–3–2–3，对方获得球权发动进攻时，阵型就变为4–2–3–1防守阵型。战术打法和比赛阵型的多变性建立在球员强大的竞技能力基础之上，运动员不仅要具备良好的位置体能和技术，还需具备全面的体能和技术能力。

对抗性。随着现代足球运动战术理念的发展，比赛中双方对于时间和空间的争夺日趋激烈。高水平球队追求对球权的控制、前场丢球后的反

① 田麦久.项群训练理论[M].北京：人民体育出版社，1998：20.

抢、在前场对方组织进攻时展开高压防守，对抗的区域、形式和内容便有了新的变化。在进攻中的对抗方面，主要表现为面对对方防守时球员对于足球的控制能力、得分能力，这就要求持球运动员具有传接球的准确性、传球路线选择的合理性、个人控球能力运用的合理性，无球队员摆脱防守队员的接应、前插跑位争夺射门的空间与时机具有合理性。在防守中的对抗方面，主要表现为前场防守给对方强大的压力、中后场对于地面和空中球权的争夺，前场防守时强调保持良好防守队形的同时靠近对方持球队员、封堵其传球路线、同持球队员对抗当中迫使其出现传球失误，中后场防守时强调空中球身体激烈对抗时的争顶，第二落点位置的争夺，卡位、铲球、协防保护等防守技战术在高强度对抗中的合理运用，回追时与对方速度之间的对抗。此外，足球比赛的对抗性还表现在运动员的耐力、疲劳状态下运动员的意志品质、对于比赛的注意力集中程度等方面，所以现代足球比赛的对抗是全方位的，是所有运动员的技术、体能、战术、心理能力的对抗。

快速性。“快”是足球运动的精髓和灵魂，快不仅体现在运动员跑动的速度上，还体现在球队阵型和区域队形的整体移动变化中，以及球员技战术行为的速度上。目前，将现代足球比赛分为四个时刻，即本方控球时、对方控球时、由攻转守时、由守转攻时，其中由攻转守和由守转攻时的要求就是快速性。快速性在由守转攻时主要体现在得到球权后持球队员第一选择就是将球向前传给最具威胁的前插和接应队员、无球队员迅速拉开宽度并布阵进攻阵型、快速从防守状态转移到进攻状态之中。快速性在由攻转守时主要体现在丢掉控球权后，离球最近的队员及周围的所有队员协作快速展开反抢，以延缓对方组织起有效的进攻，以及丢掉球权后立即快速收缩组织防守。

本研究通过对现代高水平足球比赛特征的分析，力求从比赛需求的角度出发，为探索现代足球运动员的竞技能力特征提供客观的借鉴，并最终为本研究所要建立的青少年足球运动员选材指标体系提供一定的依据。

二、运动选材理论

（一）选材阶段的理论划分

运动员的选材过程是一个长期的系统性工程，可划分为不同的段落，即选材阶段。不同阶段的选材目标和基本任务也有所不同，但它们之间却联系密切、不可分割，主要是因为足球运动训练体系本身所具有的连续性和阶段性。我国竞技体育中运动员的四级培养体系决定了足球运动员的选材可以划分为两段选材阶段实施，即早期选材和优秀运动员选材。其中，早期选材又包括基础选材、初级选材和中级选材三个阶段，基本任务为确定青少年足球运动员的潜力①，寻找将来可以成为优秀运动员的“潜”人才。

基础和初级选材是科学选材的基础阶段，主要目的和任务是对少年儿童那些遗传性较高的、相对稳定的、不可控的因素进行测评，初步选拔竞技人才。而中级选材和高级选材是实现足球运动员科学选材终极目标的必要阶段，由于候选人员历经了较长时间的专项训练，因此这两个选材阶段在选材实践时不仅仅要测评运动员那些先天的、相对稳定的要素，而且还需要测评那些依靠后天训练和生活经历才有所变化发展的因素，比如运动员的专项技术水平、心理能力等，对该阶段选材指标的要求较基础阶段要高一些，先天性因素类指标的比例较基础阶段则要少一些。人们对于运动员选材存在一个认识上的误区，认为选材是针对青春期前的儿童或青春期前期的青少年。其实不然，运动员选材是一个长期的过程，它渗透在运动员培育的整个过程中，需不断地将选材和育才结合起来，才能达到最终的目标。本研究中的12～17岁青少年足球运动员正处于初级训练阶段向中级训练阶段的过渡时期，对应的选材阶段为初级选材和中级选材阶段，因此，构建12～17岁青少年足球运动员的选材指标体系具有一定的现实意

① 王金灿．运动选材学[M]．北京：人民体育出版社，2009：29–30.

义，在选材指标制定时应充分考虑各训练阶段和选材阶段的特点。

（二）运动员选材模式的分类

纵观运动员选材的发展历程，我们会发现运动员选材模式伴随着竞技体育的发展而出现更新和改变，各国体育研究工作者和一线的教练员都在努力寻找促使本国竞技体育不断取得成功的理念和方法。早期的“自然选材”模式是训练实践中自然界“物竞天择，适者生存”的体现，自然淘汰是自然界的一种基本竞争和淘汰法则，在现代足球训练实践中，也确实存在优胜劣汰的实例。这种对运动员的选拔是唯成绩论，方法较为原始，比赛成绩是进行优秀职业运动员识别和选拔的唯一标准，缺乏对运动员竞技能力和各方面素质的正确认识。

随着现代体育运动的发展、社会的进步、人类生活营养的改善、运动训练的系统化等，主客观各方面的条件促使世界各国优秀运动员们的运动竞技水平明显提高，竞技体育已经成为各国政治、经济、文化等综合实力的体现。选拔人员（主要是教练员）逐渐意识到运动员选材的重要性，并且在其长期的执教实践过程中通过对优秀运动员共有特征的归纳，在成功的运动员个体上积累宝贵的经验，结合自身的运动经历和对于该项目的专项特征认识，久而久之，形成了独特的选材理念和方法。经验来源于实践，教练员的经验选材就是依赖其在实践中所观察到的现象转化成主观经验判断和评价，对运动员进行定性的、粗略的选拔。经验选材并非一无是处，在某种程度上讲，经验选材的发展为科学化选材奠定了一定的实践基础，同时，以定性评价为主要手段的经验选材在现阶段运动员选材实践中也是难以代替的。

随着现代科学技术水平的提高，尤其是计算机软件的开发和利用，依靠科学理论和先进技术手段的现代科学选材模式应运而生，我国体育科研工作者也开始着手在选育结合指导思想下利用先进的科技手段不断完善各个运动项目选材指标和标准的制订、选材方法的研究，并且逐渐取得了一定的成果，如1992年《儿童少年运动员科学选材标准》一书的编订。某种程度上，无论是运动员的自然淘汰，或是教练员的经验选材，还是依靠现代科学技术手段以定量分析方法为主的现代科学选材，都有各自存在的合理性。在运动员的选材实践中，在准确分析运动员专项竞技能力的基础上，对客观测试指标进行科学的测评是今后的选材趋势，同时应该合理地结合教练员的经验选材评价，重视长期积累的宝贵经验的积极作用。

（三）制约足球运动员成才的主要因素

青少年足球运动员选材的过程是基于对其竞技能力各要素的诊断，在获取运动员身体形态、运动素质、技术和各种能力的多方面现实信息基础上，运用定性和定量分析的科学手段，选拔那些具备潜力的年轻运动员。因此，青少年足球运动员的个人条件，包括遗传、生物年龄、身体形态、生长水平等是制约其成才的最关键性因素。伴随运动员竞技能力的不断提高和年龄的自然增长，运动员需要在一个新的训练阶段里接受更高水平的训练，以保证其竞技能力的不断提高，直至到达竞技巅峰，那么基础训练阶段和专项提高阶段的训练安排和训练水平就显得尤为重要。两个相邻训练阶段之间还应该包括一个训练内容交叉的链接区间①，有效地将前后两个训练阶段衔接起来，这使运动员很好地完成基础训练阶段向专项提高阶段过渡，以实现训练目标的流畅转换、提高训练的组织效益。

现代运动员的科学选材俨然已成为一门综合多学科知识的体育研究工作，它需要选材的教练员和科研人员在掌握相关学科的基础性、策略性、经验规律性知识和相关选材理论的基础上，从马列主义的哲学思想和唯物主义辩证法出发，依据本运动专项的特征制订科学的选材指标体系和选材的参考标准，并选择可行的选材手段进行科学选材。青少年运动员训练过程是一个选材和育才有效结合的动态过程②，选材人员和教练员只有全面

① 徐刚. 运动员全程性多年训练过程中的区间链接机制[D]. 北京：北京体育大学，2008：28–31.

② 隗金水. 运动员选材的选育结合理论与实证研究[D].北京：北京体育大学，2003：29–38.

掌握了专业知识，才能选拔出真正意义上能够适应更高训练水平的精英球员，保证整支球队的竞争力。除此之外，其他的社会学因素，诸如与选材手段和方法息息相关的选材测评的物质条件（测试仪器等）、青少年运动员学习是否有保障、训练环境等也是制约运动员成才率的重要因素。

（四）竞技能力的遗传

遗传是指子代和亲代在特征形状上相似的现象，是生物体在世代间的延续，它是生命活动的基本特征之一。诸多人类遗传学的研究表明，构成运动员的竞技能力的许多性状都具有较高的遗传性，人体的遗传主要体现在体能方面，体能是运动员完成各种动作行为的基础，包括身体形态、身体素质和身体机能①。上文已经阐述科学选材不同阶段的重点考察因素，在初级和中级选材阶段中，遗传度较高的且与专项特征关系密切的性状是我们应该更为关注的关键性状。如果其在遗传和训练双重诱导之下仍然不能得到良好的表现，那么该运动员的未来发展潜力要值得怀疑。因此，深入了解运动员竞技能力中体能相关指标的遗传度对于我们进行青少年足球运动员选材具有非常重要的意义。

（五）相对年龄效应

相对年龄效应首先在教育学领域被提出并进行了深入分析和探索。20世纪30年代初，国外已陆续针对儿童相对年龄展开了系列研究，研究主要聚焦和探讨不同入学年龄儿童的学业表现、健康、情绪、社会性发展等问题，以及长期追踪分析儿童相对年龄效应，如不同入学儿童成年后的收入薪资、就业领域、社会经济地位等。Knight 等学者（Knight，et al.，1930；Bigelow，1934）研究认为同年入学的入学年龄较大儿童在学习、情绪、自我认知和情绪等方面表现更好，且年龄越大的儿童在社会性发展和学业发展等方面受到出生日期和入学年龄的影响相对越小。在儿童发展过程中，相对年龄对其社会性发展、学业、健康等方面的影响会越来

① 王金灿. 运动选材学[M]. 北京：人民体育出版社，2009：29–30.

越弱（Langer，et al.，1984；Crowford，et al.，2007，2010，2013），甚至有学者研究发现儿童仅仅在初入学的前几个月才会表现出相对年龄效应，随后便会很快消失（Elder，et al.，2009）。但是关于上述相对年龄效应的持续时间问题，学界存在着争论，并展开长期追踪证实各自的论点，主要有：一，相对年龄效应在小学和中学阶段消失，如小学三年级（Shepard&Smith，1985）、小学四年级（Miller&Norris，1967）、八年级（Davis，et al.，1980）；二，相对年龄效应贯穿于整个义务教育阶段（Bedard，et al.，2006），高中阶段（Du，et al.，2012），高等教育阶段甚至在其成年后就业和收入方面也会受到影响。

年龄是选材中的重要影响因素。生活年龄是以地球、月球运行的周期性作为时间的尺度，是以年、月、日作为计算单位的物理学测量方法，可准确地反映个体生命存在的时间，也称为“日历年龄”“时间年龄”等。相对年龄[①] 是指在有相同日历年龄组的个体之间在年龄上的差异，它由贯穿在这年中个体不同的出生日所引起。在教育学和社会学领域备受关注的相对年龄效应，也逐渐被体育学领域的诸多学者所关注，并被学者引入体育学领域的青少年运动员个体发展研究之中。本研究基于中国知网和WOS数据库中足球运动员选材的高被引文献进行了梳理和总结，发现国内外针对相对年龄效应的研究主要聚焦在相对年龄对青少年足球运动员被选拔概率的影响，相对年龄对不同年龄段青少年足球运动员形态、机能、运动素质发展的影响，相对年龄对不同年龄段青少年足球运动员技能的影响等方面，这说明相对年龄效应是青少年足球运动员选材中的重要影响因素。相关研究领域的文献如“Maturity-associated variation in the growth

① 刘卫民．相对年龄理论及其对我国青少年儿童足球运动员选材制度的影响[D].北京：北京体育大学，2008：9-14.

and functional capacities of youth football (soccer) players 13 ~ 15 years" [①], Malina R.M.将葡萄牙排位最高三家俱乐部的69名13.2 ~ 15.102岁的青少年男子足球运动员作为测试对象，以探索和评价训练经历、身体形态和成熟度的状态变化对于青少年足球运动员的运动能力的贡献大小。学者们通过实证研究认为，对于13 ~ 15.02岁的青少年运动员来讲，训练经历在一定范围内与其有氧能力呈正相关，而体重和身高也分别是其30米跑和纵跳能力的促进因素。发表于*Journal of Sports Sciences*期刊的“The relative age effect in youth soccer across Europe” [②] 一文在2009 — 2013年被引出现突现性，突现强度为5.029，其作者使用柯斯米尔诺夫测试对参加国际比赛的各青少年国家队、国际青少年锦标赛的各职业足球俱乐部梯队的运动员进行测试分析，学者们研究认为U–15、U–16、U–17、U–18四个同年龄段中出生于1 — 3月的那些青少年运动员运动表现尤为突出，选材过程中由于体能优势的因素存在，相对年龄优势越明显，该运动员被选中的概率则越大。

诸多研究[③④⑤⑥⑦] 表明运动员的相对年龄效应影响青少年足球运动

① MALINA R M，EISENMANN J C，CUMMING S P，et al. Maturity–associated variation in the growth and functional capacities of youth football (soccer) players 13 ~ 15 years[J]. European journal of applied physiology，2004，91（5）：555–562.

② HELSEN W F，VAN W J，WILLIAMS A M. The relative age effect in youth soccer across Europe.[J]. Journal of sports sciences，2005，23（6）：629–636.

③ 刘卫民，覃凤珍，刘丹. 相对年龄理论及其对现代体育发展产生的影响[J]. 中国体育科技，2009，45（5）：90–93.

④ 刘卫民. 相对年龄理论及其对我国青少年儿童足球运动员选材制度的影响[D].北京：北京体育大学，2008：19–21.

⑤ 刘卫民，刘丹. 相对年龄影响足球运动员选材制度调控策略的研究 —— 兼述对我国青少年儿童足球运动员选材制度改革的启示[J]. 中国体育科技，2010，46（3）：29–33.

⑥ 刘卫民，秦更生，张继辉. 相对年龄效应对运动员选材与发展影响的元分析[J]. 上海体育学院学报，2012，36（6）：67–71.

⑦ 刘卫民，刘俊梅，蒋元中. 世界优秀青少年男子足球运动员相对年龄效应研究[J]. 天津体育学院学报，2013，28（1）：16–19.

员在选拔时成功的概率，因此，在选材时应充分考虑相对年龄对青少年足球运动员选材的影响。相对年龄主要是因为出生年月的不同造成生物成熟度水平的不同，因此，引入生物年龄非常有必要，通过测试骨龄评价生物成熟程度是各国学者一致认可的。在选材实践中对运动员进行骨龄测试可以在很大程度上减小相对年龄的效应，以充分识别真正的精英青少年足球运动员。因此，本研究将按照生物成熟水平分组的12～17岁足球运动员作为测试对象进行分析，发现他们的测试数据之间具有显著性差异的指标，进而优化和筛选以制定运动员选材指标体系。

三、青少年足球运动员选材指标体系构建的内涵

（一）足球运动员选材指标体系内涵认知

指标体系指的是若干个相互联系的统计指标所组成的有机体。指标体系的建立是进行预测或评价研究的前提和基础，它是将抽象的研究对象按照其本质属性和特征的某一方面标识分解成为具有行为化、可操作化的结构，并对指标体系中每一构成元素（即指标）赋予相应权重的过程。可见，指标体系是一个可以反映研究对象本质属性和特征的统计指标的集合。

本研究提出指标体系的定义为：根据研究目的的要求和研究对象的本质属性和特征，科学地把能够客观说明其各方面属性、能力的一系列指标进行分类和组合形成的一个集合。

选材是选择合适的人才，也泛指选择适用的材料或“素材”。《中国百科大辞典》（1999）体育卷对运动员选材如此定义：经符合专项运动特点和要求的多指标测试和预测，准确地从小选出适合从事某项运动的人才，以提高培养成功率。

国外学者Lloyd等（2013）认为运动员选材过程指通过检测某一特定项目运动员目前的形态、生理和技术的特征，以达到识别和发现其个人走向成功潜力的目的。足球运动员选材的英文翻译为“talent identification in soccer”，按照英文的释义可以理解为，通过对未成为优秀职业足球运动员的形态、生理、技术进行测试，识别其个人的各项能力好坏以及预测其成功的可能性。青少年足球运动员的训练过程，也是一个集合多因素综合作用的过程，因此，足球运动员选材也应该对运动员进行多维度、多指标测试，而不是教练员简单的主观评断。训练过程是一个系统性的过程，需要首先对项目和运动员的特点，从比赛需求的角度出发进行分析，以获得较为客观和可靠的“指标”，“指标体系”的确定是选材研究的关键点。

本研究中足球运动员选材指标体系的定义为：在足球项目特征、青少年身体发育客观规律、足球运动员全程性训练计划阶段划分分析的基础上，依据科学的原理和原则，通过现代科学的手段和方法对运动员进行测试，所得到的结果作为12～17岁男子足球运动员选材的有效指标集合。

（二）足球运动员选材指标体系现状探析

足球人才选拔和培养是一个复杂的、多方面的过程。目前，这一领域的大部分研究都是在排名靠前的老牌足球国家进行的，这些国家（例如德国、葡萄牙、比利时等）的足球运动非常受欢迎。虽然这些国家的数据在一定程度上具有信息性，但几乎没有确凿证据支持传统选材方法的有效性。通常情况下，应选择具有早期表现优势的球员，而不考虑发展过程中可能发生的变化。由于我国足球人才库的规模、系统训练环境的可及性以及财政和社会资源的可用性不同，采用传统方法进行运动员选材的可能性也更大。应最大限度地扩大人才库的规模，减轻混杂因素对选材的影响，并在整个发展过程中纵向跟踪球员，建立记录不同时期、不同年龄段足球运动表现的数据库，以减少对基于早期绩效优势确定参与者的依赖，并专注于青少年足球运动员整体的长期发展。

目前，在我国青少年足球运动员选材实践工作中仍然存在着诸如选材观念落后、选材方法和器材亟待解决的问题，归纳总结出优秀运动员的有效识别指标体系是进行进一步选材方法制订的前提，也是提高青少年选材评价和预测准确性及优化选材过程的关键。我国青少年足球运动员的选材主要是通过教练员在俱乐部开展选拔人才测试，和在青少年足球赛事中通过观察球员在比赛中的表现对其进行主观判断和预测，缺乏一套较为完整的指标体系。同时，球员的竞技水平和发展潜力应该根据不同年龄的发展特征而有不同的评判标准，而教练员评定模式主观性过强，缺乏一定的科学数据支撑，难以辨别出青少年运动员的真实水平和未来的潜力。

第四节　研究框架与思路

一、研究框架

本研究以我国青少年男子足球运动员选材指标体系构建为研究对象，借鉴欧美等足球水平发达国家的足球运动员选材经验，结合多学科理论以创设一个青少年男子足球运动员选材指标体系构建的逻辑框架，在大量的数据统计与分析的基础上，建立不同年龄段（12～17岁）青少年男子足球运动员竞技能力的数据库，构建我国青少年足球运动员科学的选材指标体系，并在此基础上制定单年龄段的指标评价标准，进而利用研究的理论成果分析，试图解决我国青少年足球运动员选材的实践问题，提出符合我国实际的多元化青少年足球后备人才长期选材策略及后续应用建议。

总体来讲，本书的研究主线为青少年足球运动员选材指标体系的构建，在充分探索分析不同年龄段足球运动员竞技能力特征的基础上，对选材指标体系构建的逻辑与路径深入探讨，并提出不同年龄青少年足球运动员选材指标体系构建研究框架，如图1-1所示。

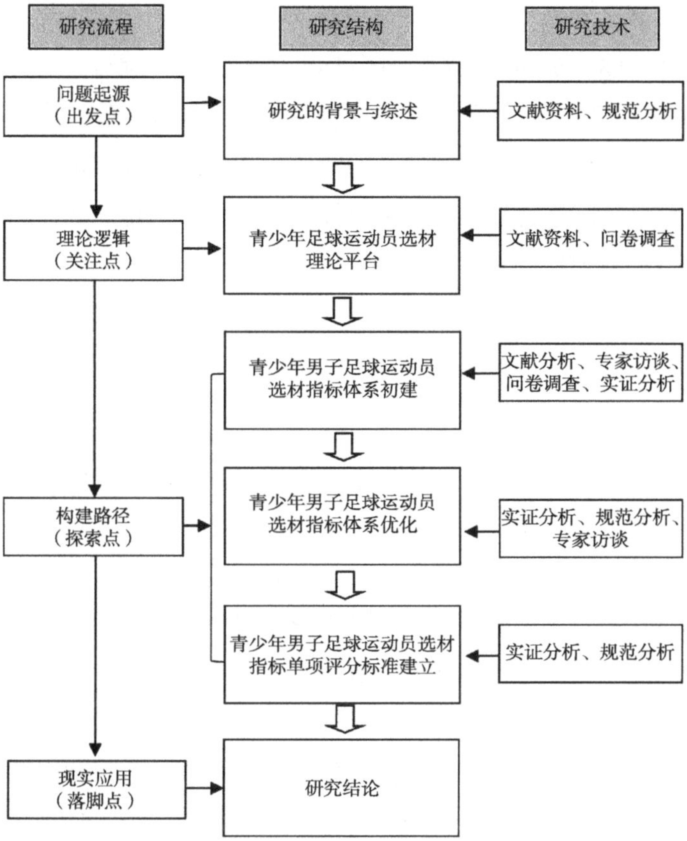

图 1-1 本研究总体框架图

二、研究思路

研究的总体思路为：首先，基于足球运动员竞技能力结构与特征，深入分析本书研究对象的内涵，分析国内外青少年足球运动员选材的历程与经验，针对我国12～17岁男子足球运动员选材指标体系构建问题进行论证分析。其次，本书在研究撰写过程中对12～17岁青少年男子运动员的大量实测数据进行了细致整理和数据统计，在主体部分第五章《青少年男子足球运动员选材指标体系优化》中主要以17岁男子足球运动员的选材指标体系构建为例进行呈现，并于第六章中对12～16岁青少年男子足球运动员选材指标体系和单项指标评分标准进行研究和撰写。最后，构建现阶段我国12～17岁青少年男子足球运动员选材指标体系，并通过不同年龄段男子足球运动员的数据和标准的对比，就我国青少年足球运动员的长期发展和科学化的选材提出建议和对策，力图为中国足球运动振兴提供一定的理论与政策依据。

第五节　研究内容与研究方法

研究旨在通过大数据构建我国青少年男子足球运动员选材指标体系，对我国职业足球俱乐部青训中心、省市体育局足球青训中心的青少年运动员的体能、技能、心理等各项核心指标进行统一测试，通过数据统计和处理，形成科学有效的数据资料库。就学术研究而言，探讨我国青少年男子足球运动员选材指标体系的构建，需要涉及运动训练学、运动选材学等多学科理论。而关于青少年足球运动员选材的理论与实践研究尚处于起步阶段，在国内仍未有一部全面和系统的关于学术理论研究的权威专著。因此，本书的定位为对青少年足球运动员选材提供探索性研究，力求基于理论基础研究，建立适合我国青少年足球运动员选材的指标体系、单项选材指标评价标准。

一、研究内容

本书共分为六章，其研究内容和研究结构的总体安排如下。

第一章“导论”。在本部分围绕研究背景与研究意义，提出研究对象、研究目标、主要研究内容、研究的框架及思路、研究具体方法、研究创新点，详细阐述作为本研究重要理论基础的运动训练学理论、运动选材理论，同时对足球运动员选材、指标体系等相关概念与内涵进行阐释与明晰，以此为后期的实证研究提供明确的思路和坚实的理论支撑。

第二章“国内外相关研究文献综述”。本部分试图从运动员选材相关问题出发，从多视角、多维度对国内外足球运动员选材的研究进展进行综述，并对与本研究相关的文献反映的问题进行述评。

第三章“选材指标体系构建方法”。本部分主要依据多学科理论探索和确定并统一测试的原则、内容、方法等，以此依据选材指标进行实测，并对测试数据进行定量分析，少数定性指标聘请专家进行评价。具体研究内容：（1）我国青少年男子足球运动员选材指标体系构建的原则；（2）我国青少年男子足球运动员选材指标体系构建的过程。

第四章“青少年男子足球运动员选材指标体系初建”。本部分研究首先依据不同年龄青少年的发展要求、发展目标等，结合青少年身体素质敏感期、运动员竞技能力的双子模型、足球运动员全程性训练过程的阶段特征和现代足球运动项目特征等，针对我国青少年足球运动员各年龄段的专项发展水平制订与之相适应的测试程序与测试指标，继而通过专家访谈、问卷调查等方法初步筛选测试指标和测试方法，逐步确定由体能、技能、心理能力等子系统构成的我国青少年足球运动员选材测试指标体系。具体研究内容：（1）子系统体能指标（体脂百分比、瘦体重、大腿围、Yo-Yo测试、垂直纵跳等）；（2）子系统技能指标（障碍带球、绕障碍短传球等）；（3）子系统心理能力指标（视野、注意力等）。

第五章“青少年男子足球运动员选材指标体系优化”。该部分首先采用参数检验和非参数检验的方法对两组不同竞技水平的运动员的实测数据进行对比分析，以初步完成指标体系的筛选，进而利用因子分析将原来大量的变量信息用相对较少的相互独立的因子变量代替。具体研究内容：（1）我国青少年足球运动员选材指标体系的统计筛选；（2）我国青少年足球运动员选材指标体系的统计优化。

第六章“12～16岁男子足球运动员选材指标体系及相关评价标准”。该部分利用问卷调查，以各个主成分的方差贡献率除以该位置球员相应测试模块最后的累计贡献率等方法确定相关指标的权重。针对具有辨别能力的选材指标，采用百分位数法对统计优化之后的选材指标体系实测值进行处理与分析，制订相应客观性的评分标准。具体研究内容：（1）我国青少年足球运动员选材指标体系中一级、二级指标权重的确定；（2）我国青少年足球运动员选材指标单项评分标准的制定；（3）我国青少年足球运动员选材综合评价方法与回代检验；（4）我国青少年足球运动员选材指标体系应用启示与建议。

二、研究方法

本研究采用了定性分析与定量分析相结合的方法，以定量分析为主。主要以运动训练学理论、运动选材学理论等为基础，通过理论推导界定足球运动员选材指标体系的内涵及相关概念，形成我国青少年男子足球运动员选材指标体系构建的分析框架。

根据现实需要，本研究主要采用以下具体研究方法：

（一）调查研究法

1. 文献资料法

吸收和借鉴国内外俱乐部或者各级国家队关于足球运动员选材的研究成果，查阅青少年足球运动员竞技能力评价指标体系、科学化选材的相关书籍著作、文献资料，为本研究提供丰富的理论基础和支撑。主要通过国家图书馆、中国期刊网、Web of Science 等国内外文献数据库检索收集与青少年足球运动员、选材、竞技能力评价等有关的大量文献资料，以及《运动选材学》《运动训练学》《体育测量评价》《运动生理学》《中国青少年儿童足球训练大纲》《国家足联执教手册》等相关书籍与专著。

2.知识图谱分析法

本研究中以足球运动员选材为对象，采用有效的、综合的知识可视化分析工具对其研究的发展进程与结构关系、研究热点与实践趋势进行深入探索，利用其“图”和“谱”的双重特征，以直观、定量、简单与客观的结果呈现，获取与本研究相关的具有重要价值的数据信息，为青少年男子足球运动员选材指标体系构建奠定一定的基础。本研究利用陈超美博士开发的基于Java平台的Citespace III分析软件，将数据导入Citespace，通过软件处理有关足球选材的大量数据，绘制出直观的知识图谱，对其进行裁剪和空间布局处理，进而可以了解本文研究对象的多个属性。对国际上经典足球运动员选材文献进行总结整理、对比分析，利用推理、归纳等数据挖掘方法进一步地获取数据和图谱之中隐含的信息和现象，通过进行一系列的作者合作分析、共被引等计量和可视化分析，剪裁出高引用文献及高产作者文献，寻找国外足球运动员选材的研究进展、关注当前的研究前沿。

（二）实证分析法

1.专家访谈法

研究期间，研究团队成员对足球、体育心理学、运动员选材、人体测量与评价、运动解剖等相关专家进行多次访谈与调研，深入了解青少年身体发育特点、足球的项目特点及青少年运动员竞技能力的基本特征，以提高青少年足球运动员选材指标体系的科学性。然后，通过对我国青少年男子足球比赛和各地青训中心的调研，走访赛区和青训中心多支球队中经验丰富的青少年足球教练员，对访谈资料进行研判，并及时整理、归纳、分类，从而为后续的指标体系构建提供思路与现实依据。

2.问卷调查法

根据本研究的目的和内容，遵循体育科研方法的基本原则和标准化要求进行问卷设计，在组织的两轮专家论证会上，请足球方面的专家填写问卷，调查运动员竞技能力指标在选材中的重要程度，目的是结合专家的意见和足球选材相关研究科学地筛选和确定各指标的权重。

为获得运动员的基本信息，了解其基本情况，测试对12～17岁年龄段运动员发放问卷，为本研究的分析提供了必要的参考依据和背景资料。

关于问卷的效度检验。对本研究中调查问卷的内容结构效度检验均采用专家判断法，通过向有关专家进行咨询，请他们对问卷的有效性进行检验。关于问卷的信度检验。重测信度（Test–retest reliability），又称再测信度，为常用信度评估方法之一。该方法反映测验跨越时间的稳定性和一致性，即应用同一测验方法，对同一组被试者先后两次进行测查，然后计算两次测查所得分数的关系系数，相关程度高，表示前后测量一致性高，稳定性好。本研究采用重测信度求得Kappa一致性系数这一定量指标来反映和评估问卷的信度，3周后将初选指标筛选问卷第二次发放给第一轮被咨询的专家。统计结果表明，问卷的前后一致率Kappa值均$\geqslant 0.75$，p值< 0.05，说明本次问卷的结果具有较高的信度。同样，时隔3周将初选材指标权重问卷第二次发放给第一轮被咨询的专家，采用重测信度求得Kappa一致性系数这一定量指标来反映和评估问卷的信度，统计结果表明，问卷的前后一致率Kappa值均$\geqslant 0.75$，p值< 0.05，说明本次问卷的结果具有较高的信度。

3. 测试法

本研究通过探索优秀青少年足球运动员竞技能力的特征，结合体育测量评价的相关理论，设计出一系列青少年足球运动员选材指标和选材方法，并在实验过程前、过程中对测试程序和测试质量加以控制，以期对我国青少年男子足球运动员的选材理论体系的时效性和科学性进行验证，并制订出我国青少年男子足球运动员较为科学的选材指标体系和相关的单项指标标准。在确定选材初选指标体系和测试方法后，对青少年梯队队员进行预实验，其目的在于通过实地测试判断测试方法的可行性。在整个测试过程前，各测试项目负责人员预先做好测试的整体安排和测试项目间的合理衔接；测试过程中，进一步熟悉测试仪器的使用和测试方法，较为熟练地完成各项目的测试数据统计；测试后，认真总结测试过程中出现的各种问题，进一步优化每一个测试项目的时间和场地区域安排，为后期的测试做好充分的准备。预实验后，间隔两周第二次对预实验对象进行相同指标的测试，结果表明两次测试的各项数据之间均具有较高的相关性，说明本研究中所采用的测试方法是可行的、科学的。

（1）测试对象。我国各足球俱乐部梯队及各省市足协在中国足球协会注册的部分12～17岁青少年男子足球运动员（骨龄与生活年龄的差值在±1.0岁之间）。本研究进行选材测试的运动员群体样本没有重复，删去不符合本研究测试要求或者因伤不能参加正常比赛运动员的数据。

（2）测试仪器。主要有Smart speed弹跳测试仪、标尺、Smart speed速度测试仪、标志杆、秒表、厘米尺、Yo-Yo跑测试软件、摄像机两台、肺功能仪、体成分测试仪—Inbody230、身高计、视野仪、智能型综合反应时测试仪等，主要测试仪器情况见第四章第一节。

4.数理统计法

运用Spss22.0软件，对问卷信度重测信度检验，对测试指标的基本情况进行描述性统计；对精简的选材描述评价模型运用主成分分析。根据研究需要，运用统计学软件，采用相关分析、方差分析、因子分析、参数检验、非参数检验等不同的统计方法对研究数据进行统计处理，并判断统计结果是否具有统计学意义。

第二章　国内外相关研究文献综述

第一节　国外相关研究文献综述

伴随着西方职业足球和青少年足球训练的快速发展，青少年足球运动员选材研究的问题受到各国体育科学家和职业足球俱乐部的高度关注和重视。科学化的足球运动员选材所产生的巨大经济效益、竞技效益和社会效益，使得青少年足球运动员选材指标与方法的相关问题更具研究价值。鉴于现代足球运动的起源与发展水平，西方学者对足球运动员选材的研究起步更早，研究内容更为广泛且细致，研究成果更为丰富。

一、运动员选材概念的相关研究

德国布特利希·哈雷博士（1982）指出："运动选材主要指以高度的把握来预测少年运动员能否成功地完成所选运动项目的后备力量训练，以便下一步顺利地接受高级竞技训练并取得好成绩。"德国乌尔默教授认为："运动选材（指科学选材）就是直接或间接地将应选者的天才因素测定出来，并根据现有测定结果分析预测其未来的竞技能力。"乌克兰学者普拉托诺夫（1984）认为，运动员选材是在所选运动项目中寻找那些有能力达到较高运动成绩的、最有天赋的运动员的过程。近些年，运动员选材，国外研究又称为"天才识别"（talent identification），可以被定义为识别当前参与者有潜力成为精英运动员的过程①。

二、足球运动员选材指标与方法的相关研究

国外足球运动员选材标准的相关研究文献主要涉及运动员的形态、技能、身体素质、技战术等方面。国外学者对奥地利14～17岁俱乐部梯队足球运动员及落选运动员分别进行了站立抛实心球，5×10米折返冲刺跑，钻栏架灵敏性，Yo-Yo跑，5米、10米、20米冲刺跑，纵跳、下落跳跃、反应速度等测试，得出组间测试结果存在显著性差异，梯队青少年运动员明显优于落选运动员，其中折返冲刺跑、20米冲刺跑和抛实心球差异最为显著。作者认为这些测试项目可以作为青少年足球运动员选材的指标。

Bidaurrazaga-Letona（2015）等采用了身高、体重、体脂百分比、体型、15米跑（速度）、纵跳高度等指标，作为选拔青少年足球运动员的参考依据，发现生理年龄较大的运动员在测试表现中更为优秀，并提出教练员和训练员在选材过程中要注意年龄因素对运动表现的影响，不应该忽视那些成熟度较低的运动员，同时将技术和心理测试与体能测试结合起来进行选材②③④。

Bradley 等（2012）和Bangsbo 等（2004）基于足球比赛中运动员的

---

① 刘宇.国外对青少年足球天才识别方法的研究进展[J].中国体育科技，2014，50（4）：33-38.

② BIDAURRAZAGALETONA I，CARVALHO H M，LEKUE J A，et al. Longitudinal field test assessment in a Basque soccer youth academy：a multilevel modeling framework to partition effects of maturation.[J]. International journal of sports medicine，2015，36（03）：234-240.

③ BIDAURRAZAGALETONA I，LEKUE J A，AMADO M，et al. Predictors of physical performance in youth elite basque soccer players aged 10，12 and 13 15[J]. Annals of research in sport and physical activity，2014（5）：29-30.

④ BIDAURRAZAGALETONA I，LEKUE J A，AMADO M，et al. Identifying talented young soccer players：conditional，anthropometrical and physiological characteristics as predictors of performance[J]. Ricyde revista internacional de ciencias del deporte，2015，11（39）：79-95.

跑动特征和折返跑的概念设计出的Yo-Yo间歇耐力测试方法，经过实证测试研究证明其适合足球运动专项耐力的测试，更能反映运动员在比赛中持续进行加速、减速、急停、转身时的能力[①②]。

Waldron、Worsfold（2010）和Vaeyens 等（2006）通过场地测试与分析提出了诸如障碍运球跑等闭合式运动技能测试可以作为有效区分优秀运动员与其他运动员的手段，但是闭合式的技能能否很好地转化为比赛中的开放式技术能力，或者说哪些测试良好的闭合式技能在比赛中可以很好地表现出来却不能得到确定[③④]。然而，结合足球比赛的专项特点来看，足球比赛中的争抢和对抗是在有限的时间和空间下完成的，足球运动员需要的是在压力下和快速变化的环境中完成各项技术的执行能力。此外，真实的比赛对运动员的体能有一定的要求，运动员在比赛中做的很多技术动作是在疲劳状态之下完成的[⑤]。身体姿势充分做好准备之后所完成的技术测试，如定点射门测试等，仅仅可以作为足球运动员技术掌握程度的考核，

① BRADLEY P S，DI M M，BANGSBO J，et al. The maximal and sub-maximal versions of the Yo-Yo intermittent endurance test level 2 are simply reproducible，sensitive and valid.[J]. European journal of applied physiology，2012，112（5）：1973-1975.

② BANGSBO J，KRUSTRUP P，MOHR M. Physical preparation for the World Cup：using a sub-maximal Yo-Yo intermittent endurance test to evaluate training status.（Part III：physiology and kinanthropometry）[J]. Journal of sports sciences，2004（June）.

③ WALDRON M，WORSFOLD P. Differences in the game specific skills of Elite and sub-elite youth football players：implications for talent identification[J]. International journal of performance analysis in sport，2010，10（1）：9-24.

④ VAEYENS R，MALINA R M，JANSSENS M，et al. A multidisciplinary selection model for youth soccer：the Ghent Youth Soccer Project[J]. British journal of sports medicine，2006，40（11）：928.

⑤ MOHR M，KRUSTRUP P，BANGSBO J. Match performance of high-standard soccer players with special reference to development of fatigue[J]. Journal of sports sciences，2003，21（7）：519.

而不能作为评价其比赛技能好坏的有效手段①。Mark Russel等（2011）研究认为通过统计分析比赛中运动员的技术运用情况等，比在场地中进行无对抗封闭式测试更能反映运动员技术掌握情况②。优秀的比赛表现是运动员多种竞技能力相互作用的产物，仅仅拥有专项比赛所需的生理上的特征是不够的，他们还需要具备充足的比赛技术能力③。识别优秀运动员的主要方法之一便是观察他们在比赛中的专项技术运用能力④，熟练的技能和创造力的优势可以弥补运动员体格和力量方面的不足⑤，这符合运动训练学中所讲的积木模型理论。

学者Ajmol Ali（2011）将大学生足球队的24名运动员按水平分为优秀组和一般组，进行拉夫堡传球测试和拉夫堡射门测试。研究发现优秀组运动员在传球测试中所用总时间较少，在射门测试中优秀组和一般组得分没有显著性差异，但在射门速度方面优秀组运动员明显高于一般组运动员⑥。

国外学者对于足球技术的评价主要涵盖传球、带球、射门等方面，通过得分、时间、比赛分析数据等客观指标评价测试结果优劣，以评价足球运动员的某方面能力，主要研究整理如表2–1所示。

---

① ALI A. Measuring soccer skill performance：a review[J]. Scandinavian journal of medicine & science in sports，2011，21（2）：170–183.

② RUSSELL M，KINGSLEY D M. Influence of exercise on skill proficiency in soccer[J]. Sports medicine，2011，41（7）：523–539.

③ REILLY T，WILLIAMS A M，NEVILL A，et al. A multidisciplinary approach to talent identification in soccer.[J]. Journal of sports sciences，2000，18（9）：695–702.

④ WALDRON M，WORSFOLD P. Differences in the game specific skills of elite and sub–elite youth football players：implications for talent identification[J]. International journal of performance analysis in sport，2010，10（1）：9–24.

⑤ WILLIAMS A M，REILLY T. Talent identification and development in soccer[J]. Journal of sports sciences，2000，18（9）：657–667.

⑥ AJMOL ALI，CLYDE WILLIAMS，MARK HULSE，et al. Reliability and validity of two tests of soccer skill[J]. Journal of sports sciences，2007，25（13）：1461–1470.

表2-1 足球运动员选材和技术评价的相关指标研究

作者	技术指标	考核内容	测试结果
Zelenka①	射门	准确性	得分
	带球	控球能力	时间
Reilly，Holmes②	颠球	控球能力	次数
	带球	控球能力	时间
	对墙传接	控球能力	次数
	射门	准确性	得分
McGregor③	带球	控球能力	时间
Northcott	传球	准确性	得分
	射门	准确性	得分
Cox	射门	准确性	得分
Finnoff④	传球	准确性	距离
Ali⑤	传球	准确性、控球能力	时间
	射门	速度、准确性、控球能力	速度和得分

① ZELENKA V, SELIGER V, ONDREJ O. Specific function testing of young football players[J]. The journal of sports medicine & physical fitness, 1967, 7（3）：143–147.

② REILLY T, HOLMES M. A preliminary analysis of selected soccer skills[J]. Physical education review, 1983.

③ MCGREGOR S J, NICHOLAS C W, LAKOMY H K, et al. The influence of intermittent high-intensity shuttle running and fluid ingestion on the performance of soccer skill[J]. Journal of sports sciences, 1999, 17(11): 895–903.

④ FINNOFF J T, NEWCOMER K, LASKOWSKI E R. A valid and reliable method for measuring the kicking accuracy of soccer players[J]. Journal of science & medicine in sport, 2002, 5(4):348–353.

⑤ AJMOL ALI, WILLIAMS C, HULSE M, et al. Reliability and validity of two tests of soccer skill[J]. Journal of sports sciences, 2007, 25(13): 1461–1470.

续表

作者	技术指标	考核内容	测试结果
Mirkov①	掷界外球	距离	最大距离
	踢远	距离	最大距离
	带球	控球能力	时间
Rostgaard②	传球	准确性	得分
Currell③	带球	控球能力	时间
	长传	准确性	得分
	头球	距离	最大距离
Figueiredo④	颠球	控球能力	次数
	带球	控球能力	时间
	传球	准确性、控球能力	得分
	射门	准确性	得分
Williams	射门	准确性	得分
Russell⑤	传球	速度、准确性、控球能力	球速、准确性、成功率
	射门	速度、准确性、控球能力	球速、准确性、成功率
	带球	速度、准确性、控球能力	球速、准确性、成功率

① MIRKOV D, NEDELJKOVIC A, KUKOLJ M, et al. Evaluation of the reliability of soccer-specific field tests[J]. Journal of strength & conditioning research, 2008, 22(4):1046–1050.

② ROSTGAARD T, IAIA F M, SIMONSEN D S, et al. A test to evaluate the physical impact on technical performance in soccer[J]. Journal of strength & conditioning research, 2008, 22(1):283–292.

③ CURRELL K, CONWAY S, JEUKENDRUP A E. Carbohydrate ingestion improves performance of a new reliable test of soccer performance.[J]. International journal of sport nutrition & exercise metabolism, 2009, 19(1):34–46.

④ FIGUEIREDO A J, SILVA MJC, CUMMING S P, et al. Size and maturity mismatch in youth soccer players 11–to 14–year–old[J]. Pediatric exercise science, 2010, 22(4):596–612.

⑤ RUSSELL M, BENTON D, KINGSLEY M. Reliability and construct validity of soccer skills tests that measure passing, shooting, and dribbling[J]. Journal of sports sciences, 2010, 28(13):1399–1408.

续表

作者	技术指标	考核内容	测试结果
Bullock①	传球	速度、准确性	得分、时间

《国际足联执教手册》(2016)认为优秀青少年足球运动员的选材应注重运动员的身体和心理动机、个性及心智、社交能力和比赛的相关方面，如对技术技能的掌握、作为全队整体一部分的战术行为能力和良好的战术认知能力，并将8～18岁年龄区间划分为三个发展时期，明确列出决定各个时期运动员表现的关键因素，着重提出专项技术的发展对于培养年轻人成为未来之星来说是主要的训练任务之一，同时也为三个发展时期的选材工作指明了正确的方向②。

荷兰阿贾克斯足球俱乐部的青训工作世界闻名，其选材委员会制定的选材标准为TIPS，分别代表Technique、Intelligence、Personality和Speed，即技术能力+场上洞察力+适合比赛的个性(好胜、冷静、果敢)+速度(也泛指敏捷、平衡、灵活)，并认为其中最重要的是传接球能力与场上洞察力。英格兰联赛中的俱乐部青训教练员与球探倾向于TABS(技术，Technique；态度，Attitude；平衡，Balance；速度，Speed)和SUPS(速度，Speed；理解力，Understanding；个性，Personality；技巧，Skill)选材标准。纵观早期的足球运动员选材工作，通常是通过俱乐部的教练员，以及聘请的具有宝贵经验的球探，根据俱乐部的整体发展需要，在比赛和训练中考察和发掘具备本运动项目天赋和潜力的适龄球员。主教练或者球探通过上文中提到的一系列从实践经验中得到的简明扼要的标准，对运动员进行观察并进行主观的评测。

学者Williams 和 Reilly(2000)认为足球运动员选材方法学的复杂性决定了在选材过程中不能仅仅采用单学科的方法，选材实践者或研究者应

① BULLOCK W, PANCHUK D, BROATCH J, et al. An integrative test of agility, speed and skill in soccer: effects of exercise[J]. Journal of science & medicine in sport, 2012, 15(5):431–436.

② 国际足联. 国际足联执教手册[M]. 北京：人民体育出版社，2016：252–256.

将生理学、心理学和社会学等学科的研究方法综合运用，采用这种更为结构化和综合性的方法，才能更客观地说明优秀运动员与非优秀运动员之间的差异，提高选材的准确性。

Cote在研究中提出虽然很多教练员或者球探认为他们能够依据多年来累积和沉淀的宝贵经验“发现具有潜力的好的运动员”，但是他们却不能清楚地解释和表明他们在选材实践工作中作出某项决策的依据。同时，作者认为通过采用与选材实践者进行访谈和咨询的方法，可以明晰教练员或者球探的主观评价指标及标准，并尽可能将这些标准通过诸多测试指标进行客观量化，进而有利于将教练员和球探的宝贵经验与先进的科学仪器、测试测量手段有效结合在一起。

三、足球运动员选材研究进展的可视化分析

本研究以美国科学情报所的 Web of Science TM 核心合集数据库为数据来源，包括 SCI-E、SSCI 和 AHCI 世界三大科学引文数据库。依据研究目的，以体现国外足球选材（足球优秀运动员识别）的核心内容为目标，经过多组检索式分析比较，采用关键词检索，检索式“TS（主题）=（talent identification of football player，或 talent identification of soccer player，以及 selection of football player，或 selection of soccer player），语言=（English），文献类型=（Article），并以“sport science”为精炼依据，同时筛除了将 football 代表橄榄球的相关文章，最终提炼 370 条数据，以纯文本的形式保存了作者、标题、出版物、摘要、参考文献等信息。

（一）足球运动员选材核心机构分析

运行Citespace，网络节点（Node types）选择机构（Institution），进行可视化分析得到了关于足球运动员选材研究机构分布的图谱。每一个圆形的节点都代表足球运动员选材领域的相应研究机构，节点圆圈的大小与其发文数量呈正比，各个节点之间的连线表示它们之间的合作关系，连线粗

细程度与研究机构之间合作的密切程度成正比①，如图2–1所示。研究发现，各研究机构在图谱中的连接作用较小或者不存在连接作用，可能是各国不同的足球理念导致选材理念不同的结果。

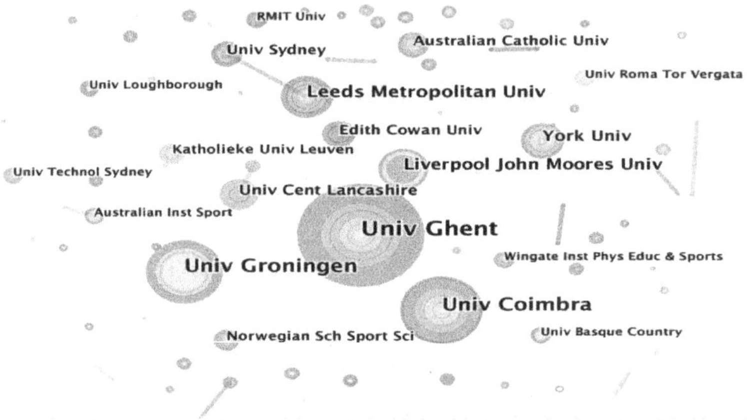

图 2–1　足球运动员选材领域研究机构共现图谱

国外从事足球运动员选材研究的机构主要为拥有体育专业的高校，其次为运动科学学院或者研究所，以及职业足球俱乐部。从研究机构发文数量分析，比利时的根特大学，葡萄牙的科英布拉大学，荷兰的格罗宁根大学，英国的利兹都会大学、利物浦约翰摩尔斯大学，加拿大的约克大学，澳大利亚的天主教大学、悉尼大学、埃迪斯科文大学，比利时的鲁汶大学，挪威的挪威体育学院发文量较多。发文频次排名前20位的机构中，排在第二位的是葡萄牙历史最悠久的科英布拉大学，拥有体育与体育教育学院，以及自己的葡萄牙职业球队科英布拉大学足球俱乐部。法国的里尔足球俱乐部以3篇的发文量排在第十八名，另外英国利物浦足球俱乐部、西班牙的奥萨苏纳足球俱乐部也都在足球运动员选材领域做出一定的成

① 刘泽渊，陈悦，侯海燕.科学知识图谱：方法与应用[M].北京：人民出版社，2008：60–70.

就，各有一篇文献发表。这也表明足球运动员选材领域理论研究很大程度上能够加强选材实践的科学化，研究人员在不断的实践中可以丰富选材经验，促进方法的完善。

（二）足球运动员选材领域研究的主要来源期刊

研究通过期刊被引分析，对于体育领域核心期刊结构、期刊发文量等情况进行深入了解和分析，便于我国学者及足球从业人员从足球运动员选材领域获得最新的情报信息。具体被引情况如图2-2所示。

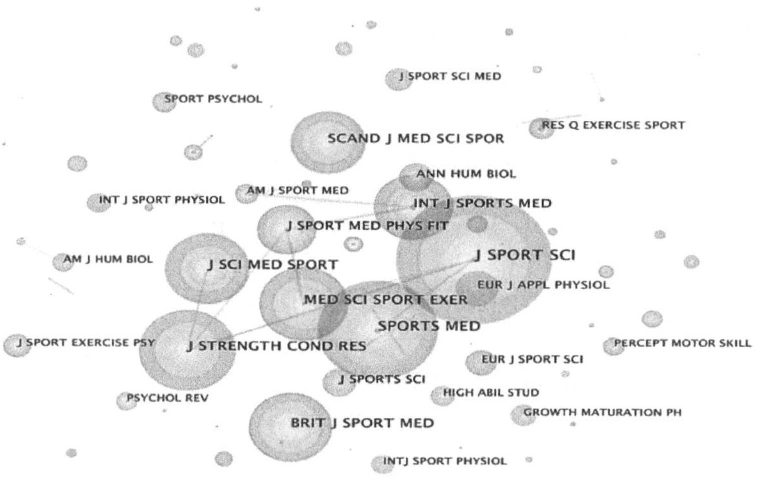

图2-2　足球运动员选材领域期刊被引图谱

研究精拣的370篇文献分布于世界各地的57种来源期刊，这些期刊主要研究领域为运动、运动医学、体育教育与训练、运动损伤、身体健康、生理学等。如表2-2所示，众多期刊中，英国的《体育运动科学》的文献涵盖领域较大，重点研究人类的运动和锻炼，包括锻炼的试验工作，还有体育器材的研制、选材、运动表现预测、压力变现及减压等，期刊被引频次245次，排在第1位；新西兰的《运动医学》是世界上首屈一指的运动医学期刊，研究重点为运动损伤的预防和治疗、锻炼健康、训练和营养等，被引频次为192次，排在第2位，可为学者和足球从业人员，如运动医学专家、物理治疗师、运动生理学家、医生和教练团队提供良好的学术交流平台；美国的《力量与体能训练研究》是国家力量与体能协会的科技期刊，重点研究领域为体能、运动和锻炼需求、体能表现的训练影响，以及运动表现潜在的生物学基础，该期刊被引频次154次，排在第3位。排在第4～10位的依次为*Medicine and Science in Sports and Exercise*、*British Journal of Sports Medicine*、*Journal of Science and Medicine in Sport*、*International Journal of Sports Medicine*、*Scandinavian Journal of Medicine & Science in Sports*、*Journal of Sports Medicine and Physical Fitness*、*European Journal of Applied Physiology*。

表2–2　国外足球运动员选材研究文献代表性期刊分析

排序	期刊名称	国家	频次	5–IF	研究领域
1	Journal of Sports Sciences	英国	245	2.888	运动和锻炼、选材、运动表现
2	Sports Medicine	新西兰	192	6.795	运动损伤、锻炼健康、训练营养
3	Journal of Strength and Conditioning Research	美国	154	2.457	体能、运动和锻炼需求、体能表现
4	Medicine and Science in Sports and Exercise	美国	147	5.318	运动、运动医学
5	British Journal of Sports Medicine	英国	139	5.842	运动医学
6	Journal of Science and Medicine in Sport	澳大利亚	136	4.217	运动、运动医学
7	International Journal of Sports Medicine	德国	126	2.445	运动医学
8	Scandinavian Journal of Medicine & Science in Sports	丹麦	118	3.711	运动损伤、运动、运动医学

续表

排序	期刊名称	国家	频次	5-IF	研究领域
9	Journal of Sports Medicine and Physical Fitness	意大利	96	1.160	身体健康、运动医学
10	European Journal of Applied Physiology	德国	69	2.689	生理学

（三）足球运动员选材领域研究的核心作者分布

足球运动员选材领域的高产作者在该领域的研究有着广泛和深入的见解和分析，他们是推动足球运动员选材向前发展和进步的核心，对其科研成果进行分析和掌握，有利于科研工作人员及足球从业人员对足球运动员选材领域的研究现状、主题、前沿趋势深入了解及预测。

利用Citespace“作者”（Author）节点类型，阈值项选择“ Top N % per slice”，并且同时对输入软件的所有数据进行时间分段处理，选择每两年为跨度，设置“时区分割”（Time Slicing）值为2，得到足球运动员选材研究的作者网络图谱。另外，利用普赖斯定律[①][②]对核心作者进行界定。普赖斯定律是情报学分析尤其是文献作者整理和数据分析方面的方法和参考标准，指出核心作者中最低产的那位所发表的论文数，等于最高产科学家发表论文数的平方根的0.749倍，即m ≈ 0.749（n max1/2），其中n max为发文量最多的作者论文量。本研究的统计表明n max = 26，因此，本研究中发文数量在4篇以上（包括4篇）的作者被界定为足球运动员选材领域的核心作者。

① 钟文娟.基于普赖斯定律与综合指数法的核心作者测评——以《图书馆建设》为例[J].科技管理研究，2012，32（02）：57-60.

② D·普赖斯，张季娅.洛特卡定律与普赖斯定律[J].科学学与科学技术管理，1984，5(9)：17-22.

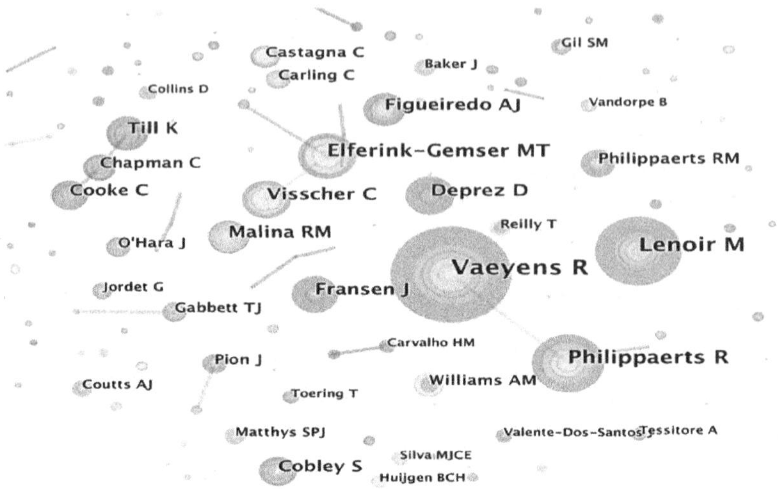

图 2-3　足球运动员选材研究作者共现图谱

通过Citespace获取作者的人数、姓名、发文数量后得知，该领域作者共计114人，发文量在4篇以上的核心作者为34人，如表2-3所示。随后通过pumbed数据库对核心作者信息进行搜索查询，其中比利时根特大学的Vaeyens R、Lenoir M、Philippaerts R在足球运动员选材领域的发文数量分别为26篇、19篇、16篇，排在所有作者中的前3位。Vaeyens R的主要研究方向为足球体能训练与评价、优秀足球运动员识别；Lenoir M的主要研究方向为青少年足球运动员体能测试与评价；Philippaerts R的主要研究方向为运动选材、足球运动表现和青少年足球运动员体能监控，另外还有5位核心作者来自比利时的根特大学。荷兰格罗宁根大学的Elferink-Gemser M T教授、Visscher C教授和葡萄牙科英布拉大学的Figueiredo A J教授分别发文13篇、11篇、10篇，排在第4、6、7位，其主要研究方向分别为优秀足球运动员识别与运动技能评估、运动技能表现及发展、青少年足球运动员体能与技能评估。核心作者统计结果：比利时共有8人，英国、葡萄牙、荷兰、意大利分别入围8人、4人、3人和2人，占到核心作者总数的50%，这与国家分布的研究结果是相互吻合的。上述国家都是足球青训强国，培养出众多的优秀足球运动员，并拥有足球运动员选拔和培养的成功经验。可见，足球运动员选材领域的研究对于各国足球青训和成年队的发展具有积极的影响，该研究领域呈现百家争鸣的景象，有利于足球运动员选材和足球运动的科学化发展。

表2–3　足球运动员选材领域核心作者

排序	作者	发文量	国家及所在单位	排序	作者	发文量	国家及所在单位
1	Vaeyens R	26	Ghent University, Belgium	18	O’Hara J	6	Leeds Beckett University, UK
2	Lenoir M	19	Ghent University, Belgium	19	Gabbett T J	6	Griffith University, Australia
3	Philippaerts R	16	Ghent University, Belgium	20	Pion J	6	Ghent University, Belgium
4	Elferink–Gemser M T	13	University of Groningen, Netherlands	21	Matthys S P J	5	Ghent University, Belgium
5	Deprez D	11	Ghent University, Belgium	22	Coutts A J	5	University of Technology Sydney, Australia
6	Visscher C	11	University of Groningen, Netherlands	23	Reilly T	5	Liverpool John Moores University, UK
7	Figueiredo A J	10	University of Coimbra, Portugal	24	Jordet G	5	Norwegian School of Sport Sciences, Norway
8	Till K	10	Leeds Beckett University, UK	25	Baker J	5	York University, Canada.

续表

排序	作者	发文量	国家及所在单位	排序	作者	发文量	国家及所在单位
9	Malina R M	10	University of Texas, USA	26	Gil S M	5	University of the Basque Country, Spain
10	Fransen J	10	University of Newcastle, Australia	27	Toering T	4	Norwegian School of Sport Sciences, Norway
11	Cooke C	9	Leeds Beckett University, UK	28	Carvalho H M	4	University of Coimbra, Portugal
12	Cobley S	9	The University of Sydney, Australia	29	Huijgen B C H	4	University of Groningen, Netherlands
13	Chapman C	8	Sports Coach UK, Leeds, UK	30	Collins D	4	University of Central Lancashire, UK
14	Philippaerts R M	8	Ghent University, Belgium	31	Valente-Dos-Santos J	4	University of Coimbra, Portugal
15	Williams A M	7	University of the West of England, UK	32	Vandorpe B	4	Ghent University, Belgium
16	Castagna C	7	Football Training & Biomechanics Lab, Italy	33	Silva M J C E	4	University of Coimbra, Portugal
17	Carling C	6	University of Central Lancashire, UK	34	Tessitore A	4	University of Rome “Foro Italico”, Italy.

（四）足球运动员选材领域研究涉及学科

随着足球在全球范围内的广泛发展，不论是各国国家队，还是各地的职业足球俱乐部都拥有一个庞大的科研和后勤保障团队，如2015—2016

赛季英超联赛冠军莱斯特城俱乐部就拥有体能训练师、康复师、统计分析师、心理理疗师等涉及多门学科的工作人员，可见足球运动俨然是一个需要多学科交叉的综合性研究领域。

足球运动员选材研究更是以众多有关的学科作为自己的科学基础，不仅涉及自然科学，而且应用社会科学诸方面的理论进行研究与实践①。运行软件通过关键路径算法进行聚类分析，得到足球运动员选材研究的学科共现网络图谱和足球运动员选材研究的学科具体分布。通过图2–4和表2–4可以看出，足球运动员选材领域研究主要涉及体育科学、临床医学、基础医学、生物学、管理学、中医学与中药学等11个一级学科类别，在11个一级学科类别中，体育科学涉及学科频次排在第1位，占总数的70.83%，说明体育科学依然是足球运动员选材研究中的主导学科；其次为临床医学、基础医学、生物学、特种医学，排在第2～5位，分别占总数的6.37%、5.15%、4.90%、4.65%；同时，足球运动员选材研究还涉及管理学、经济学、社会学、中医学与中药学、预防医学与卫生学，以及其他社会科学学科，这体现出足球运动员选材研究的多学科交叉渗透、综合性强的特点，以及涉及学科之间微观与宏观多向融合、分离与交叉并进的趋势。

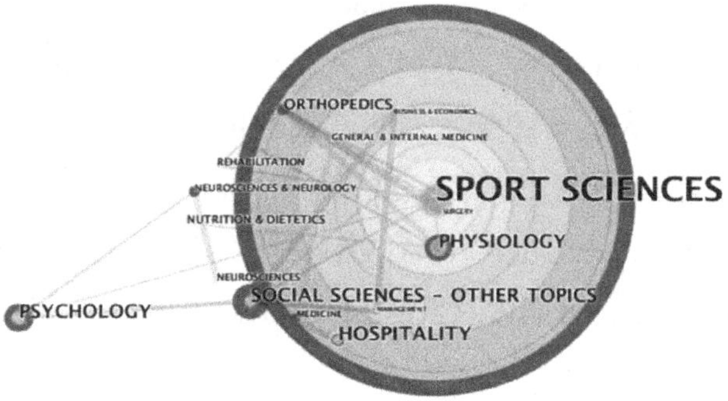

图 2–4　足球运动员选材研究学科共现图谱

① 王金灿，封飞虎，贝恩勃.运动选材学[M].北京：人民体育出版社，2009：145–147.

表2-4 足球运动员选材研究涉及学科

序号	学科	频次	中心性	百分比（%）
1	体育科学	289	0.00	70.83
2	临床医学	26	0.01	6.37
3	基础医学	21	0.00	5.15
4	生物学	20	0.00	4.90
5	特种医学	19	0.03	4.65
6	社会科学（其他）	19	0.00	4.65
7	预防医学与卫生学	5	0.00	1.23
8	中医学与中药学	4	0.00	0.98
9	管理学	2	0.00	0.49
10	经济学	2	0.03	0.49
11	社会学	1	0.00	0.26

（五）足球运动员选材研究的国家与地区分布

自1995年以来，来自Web of Science数据库的全球足球运动员选材研究领域的文献作者遍布欧洲、美洲、大洋洲、亚洲和非洲的44个国家，可以看出世界第一大运动的受欢迎和普及程度。如图2-5所示，在五个大洲之中，欧洲发文量为236篇，占总数的64%，排在第二位的地区为美洲，发文量为64篇，占总数的17%。大洋洲、亚洲、非洲的发文量依次为53篇、11篇和6篇，分别占总数的14%、3%、2%。

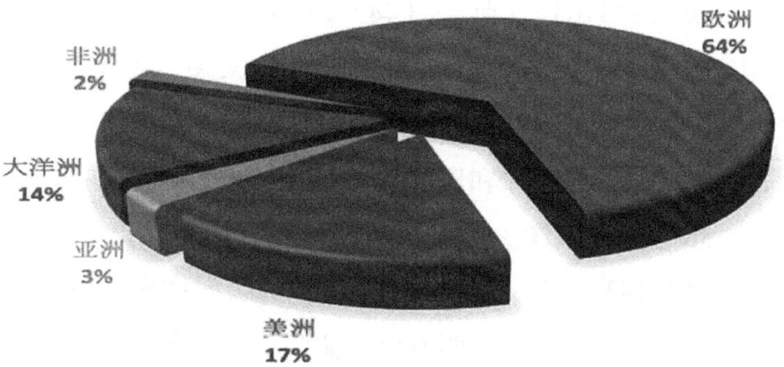

图 2-5 本研究国际足球运动员选材领域发文量地区分布示意图

运行Citespace III分析软件，参数选择为“Country”（国家），得到足球运动员选材研究领域的地域共现网络图谱如图2-6所示。其中，每个节点代表一个国家，用不同形式与深度的圆圈标识，圆圈的大小与其发文量成正比；连接圆圈的线条表示节点与节点之间的联系，线条粗细与其联系紧密程度成正比；圆圈最外层的圆环表示文献的中心性（Centrality），中心性是在知识图谱网络中起连接作用大小的度量，圆环宽度越宽，其中心性越大，就越能成为联系沟通其他文献节点的枢纽①。

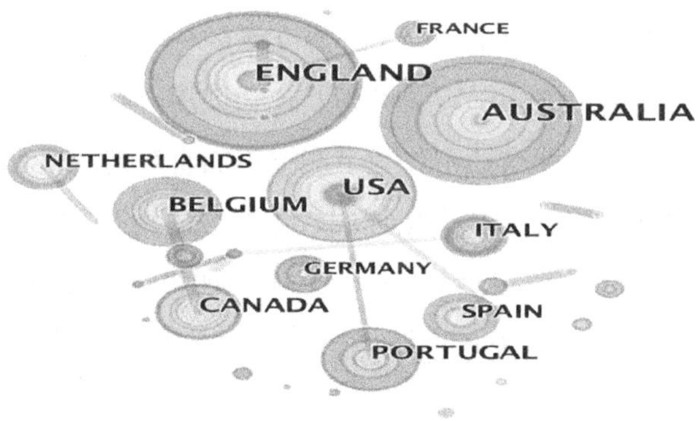

图 2-6 足球运动员选材研究的国家分布

① 刘泽渊，陈悦，侯海燕.科学知识图谱：方法与应用[M].北京：人民出版社，2008：60–70.

本研究所获取的370篇文献来自44个不同的国家，发文量10篇以上的有11个国家，其中8个国家来自欧洲，2个国家来自美洲，1个国家来自大洋洲，包括欧洲五大联赛的德国、西班牙、意大利、英国、法国，以足球青训著称的荷兰、葡萄牙和比利时，亚洲足球霸主澳大利亚，以及体育强国美国。30年来，英国关于足球运动员选材的发文量共计52篇，排名第一，占总数的14%。发文量排名2～11位的国家依次为澳大利亚、美国、比利时、葡萄牙、加拿大、西班牙、荷兰、意大利、德国和法国，他们的发文量之和占到了总体的76.2%，我国的发文量为1篇，来自香港教育学院，排名第33位。

从文章的中心性来分析，44个国家中仅有突尼斯的中心性为0.01，其他的所有国家中心性均为0.00，这说明44个国家发表的足球运动员选材文献在国际网络图谱中的连接作用较小或者不存在连接作用，可能是由于世界各国不同的足球理念导致了足球选材理念的不同。综上所述，在足球运动员选材研究领域以英国、荷兰、德国等为代表的欧洲明显处于领先的核心地位，以美国、巴西为代表的美洲位列其次，而以日本、中国为代表的亚洲和非洲各国处于足球运动员选材研究领域的外延。

（六）足球运动员选材研究内容相关研究

关键词是论文内容的提示符，是一篇文章的核心和精髓，也是对文章主题的高度概括和集中描述①，关键词共现知识图谱是用频次高的关键词确定研究领域热点的一种途径②。为了能够更加直观地观察和发现国际足球运动员选材领域研究的动态变化过程，运行Cite Space III，在主界面中将网络节点选择为关键词（keyword），显示可视化图谱之后，选择“time zone view”功能，得到关键词的时区变化图谱。在图谱中，字体的大小

① 胡秀芳，赵军，查书平，等.生态安全研究的主题漂移与趋势分析[J].生态学报，2015，35（21）：6934–6946.

② 张昭.基于Citespace的商务智能研究热点与前沿可视化分析[J].情报探索，2012，（12）：6–9.

与该关键词的出现频率成正比。按从左到右的时间分区的顺序来看，高频关键词主要有：运动表现、足球、人体测量、体能、技能、成长、天才识别、可靠性、青少年足球、相对年龄影响、体能表现、成熟度、天才发展等。如图2–7所示。

图 2–7　足球运动员选材研究热点时区

足球运动员选材相关理论研究自从1995年出现之后，在最初的萌芽期阶段（1995 — 2002年），研究热点聚焦在足球运动员人体测量、足球运动员的个体发展、足球选材理论构建等内容。随着足球的发展和学者对于足球运动员选材的不断深入认识，研究内容和焦点逐渐泛化，逐步延展到选材的可靠性、运动员的生长及成熟度、运动员的体能和技能、选材模式的研究方面，诸多选材研究文献不断涌现，过渡到研究的过热期（2002 — 2008年）。过热期之后，虽然足球运动员选材研究的理论基础已日益完善，但是选材手段、技术和器材的研究却不能满足选材快速发展的需求，因此，在瓶颈期阶段（2009 — 2010年）的研究主要是上一时期研究的延续，文献数量增长平缓，有突破性的研究热点较少。足球运动员选材研究的发展过程中，随着其他学科的渗入和新技术、新手段的不断涌现，使得瓶颈期所面临的难点逐步化解，学者从事研究的视角切入点变得更加广泛，比如依据比赛需求进行选材研究等，该领域的研究热点重新出现，从此进入较成熟期（2010 — 2016年）。发展规律周期模型（Hype Cycle）是由Gartner提出的一个应用广泛的发展周期预测模型，模型描述了一项技术或者研究从诞生到成熟再到广泛应用的过程，Hype Cycle曲线也验证了Citespace的分析结果。随着足球运动员选材历程的推进，众多学科的陆续参与，研究主题逐步多样化，研究内容呈现由表及里、由繁到简、动静结合、实效可靠、宏观微观相结合。

（七）足球运动员选材研究的共引文献

主题词类别、关键词或引用共引文献的突发性是各级粒度最活跃的研究课题中一项有价值的指标，在一定程度上共引文献的突现可以揭示某一研究领域的最新热点，据此本研究对1995年以来足球运动员选材研究的共引文献进行了研究。打开Citespace III的主界面，节点类型选择“共引文献”（cited reference），阈值项选择“ Top N % per slice”，并且同时对输入软件的所有数据进行时间分段处理，选择每两年为跨度，设置“时区分割”（Time Slicing）值为2，选择“time zone view”功能，得到足球运动员选材研究共引文献的时区变化图谱，如图2-8所示。在该图谱中，可以直观地通过各共引文献节点的大小以及颜色判断随时间的推移其被引频次和突现性的强弱。

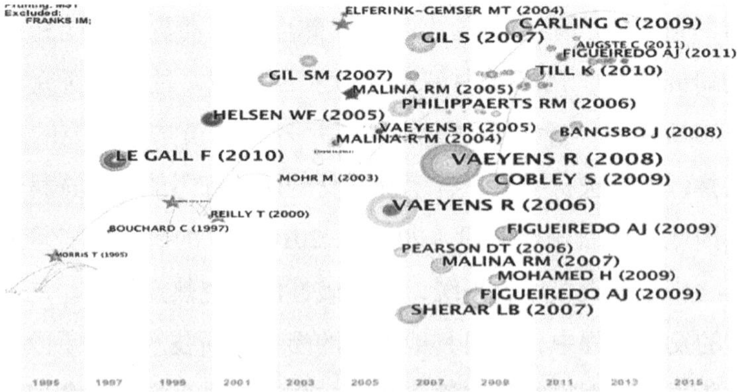

图 2–8　足球运动员选材研究共引文献时区变化

通过对Citespace软件的结果进行统计分析，足球运动员选材研究领域的共引文献中共有22篇文献出现过不同程度强弱的突现现象，本研究主要截取了期间突现强度位于前5名的关键文献进行分析，以了解足球运动员选材研究多年以来的焦点问题。如表2–5所示。

表2–5　出现突现现象的共引文献

排序	文献	引用突现			
		强度	开始时间	结束时间	持续时期
1	MALINA R M（2004）EUR J PHYSIOL，V91，P555	6.063	2010	2012	
2	VAEYENS R（2006）BRIT J SPORT MED，V40，P928	5.084	2009	2012	
3	HELSEN W F（2005）J SPORT SCI，V23，P629	5.0299	2009	2013	
4	VANDENDRIESSCHE J B（2012）J SPORT SCI，V30，P1695	4.9827	2014	2016	
5	REILLY T（2000）J SPORT SCI，V18，P695	4.8106	2002	2008	

Vaeyens R（2006）的“A multidisciplinary selection model for youth soccer：the Ghent Youth Soccer Project”一文共引突现强度高达5.084，排在第二位，其提出对于13～14岁的青少年足球运动员来说，速度和技能是该年龄段最为重要的发展方面，而对于15～16岁运动员来说，心肺耐力相对于其他素质能力更为重要。因此，不同年龄段的足球运动员选材的侧重点存在很大差异，同时在运动员的长期培养和发展过程中应该制定一个动态发展的选材模型[①]。

① HELSEN W F，WINCKEL J V，WILLIAMS A M.The relative age effect in youth soccer across Europe[J].Journal of sports sciences，2005，23（6）：629–636.

“A multidisciplinary approach to talent identification in soccer”共引突现期发生较早（2002 — 2008年），突现强度为4.8106，说明该文献在足球运动员选材起步阶段被作为一个研究热点和基础理论文献来研究。Reilly在综合测试项目的运动表现基础上，利用多元分析方法区分精英和非精英青少年足球运动员，研究认为精英球员相对精瘦、拥有较强的有氧能力、对疲劳耐受能力强，但是射门差别不大。除此之外，良好的区别指标还包括灵敏性、冲刺跑速度、自我定位和感知预测能力。尤其值得注意的是，作者认为足球选材的多方法测试手段可以作为专业发展计划中建立青少年运动员基本参考数据的有效途径。

“Maturity–associated variation in the growth and functional capacities of youth football（soccers）players 13–15 years”① 一文在2010 — 2012年期间出现了共被引突增现象，突增强度为6.063。作者Malina等将葡萄牙排位最高的三家俱乐部的69名13.2 ~ 15.02岁青少年男子足球运动员作为测试对象，以探索和评价训练经历、身体形态和成熟度的状态变化对于青少年足球运动员的运动能力的贡献。实证研究认为：对于13 ~ 15.02岁的青少年运动员来讲，生物成熟水平对其运动能力有着非常显著的影响，训练经历在一定范围内与其有氧能力呈正相关，并且体重和身高也分别是其30米跑和纵跳能力的促进因素。该研究得出的以上结论为之后的研究提供了更为广阔的研究视角，诸如“Relative age effects in professional German soccer：a historical analysis”② “The relative age effect in youth soccer players from Spain”③ “Relative age effect in youth soccer：analysis of the FIFA U17

① MALINA R M，EISENMANN J C，CUMMING S P，et al. Maturity–associated variation in the growth and functional capacities of youth football（soccers）players（13–15 years）[J]. European journal of applied physiology，2004，91（5–6）：555–562.

② COBLEY S P，SCHORER J，BAKER J.Relative age effects in professional German soccer：A historical analysis[J].Journal of sports sciences，2008，26（14）：1531–1538.

③ DEL CAMPO D G D，VICEDO J C P，VILLORA S G，et al. The relative age effect in Youth soccer players from Spain[J]. Journal of sports science & medicine，2010，9（2）：190– 191.

World Cup competition"[①] "The relative age effect and success in German elite U–17 soccer teams"[②] 等文献在Malina R M等人研究的基础之上就德国、西班牙等成年及青少年足球运动员相对年龄对其运动能力的影响均进行了研究，以证实其科学性，我国学者刘卫民[③][④][⑤] 也是在其研究的基础之上对相对年龄的概念进行总结并针对我国青少年足球运动员进行深入研究，这对我国足球俱乐部青少年梯队的选材有一定的实践意义。

发表于*J SPORT SCI*期刊的"The relative age effect in youth soccer across Europe"[⑥] 一文在2009—2013年共被引出现突现性，突现强度为5.0299。其作者使用柯斯米尔诺夫测试对参加国际比赛的各青少年国家队、国际青少年锦标赛的各职业足球俱乐部梯队的运动员进行测试分析，学者们研究认为U–15、U–16、U–17、U–18四个同年龄段中出生于1—3月的那些青少年运动员运动表现尤为突出，故选材过程中由于体能优势的因素存在，相对年龄优势越明显，该运动员被选中的几率则越大。

"Biological maturation, morphology, fitness, and motor coordination as part of a selection strategy in the search for international youth soccer players（age：15–16 years）" 突现持续期为2014—2016年，突现强度4.9827，该文研究者对78名处于不同生物成熟水平的比利时青少年足球运动员形

---

① WILLIAMS J H.Relative age effect in youth soccer：analysis of the FIFA U17 World Cup competition[J]. Scandinavian journal of medicine & science in sports，2010，20（3）：502–508.

② AUGSTE C，LAMES M. The relative age effect and success in German elite U17 soccer teams[J]. Journal of sports sciences，2011，29（9）：983–987.

③ 刘卫民，秦更生，张继辉.相对年龄效应对运动员选材与发展影响的元分析[J].上海体育学院学报，2012，36（06）：67–71.

④ 刘卫民，刘丹.相对年龄影响足球运动员选材制度调控策略的研究——兼述对我国青少年儿童足球运动员选材制度改革的启示[J].中国体育科技，2010，46（03）：29–33.

⑤ 刘卫民.相对年龄理论及其对我国青少年儿童足球运动员选材制度的影响[D].北京：北京体育大学，2008：19–21.

⑥ Helsen W F，WINCKEL V J，Williams A M.The relative age effect in youth soccer across Europe[J].Journal of sports sciences，2005，23（6）：629–636.

态、体能、专项技能—盘带、运动协调能力方面展开广泛研究，提出运动员的形态测量值、体能表现与其生物成熟水平呈正相关，然而在两个年龄组中生物成熟水平对专项技能和运动协调能力几乎没有影响，为了避免相对较晚发育的足球人才流失，在选材过程中应该建立多维测试手段，其中包括测量运动员的成熟发育水平和尽量不受成熟度影响的运动表现测试[①]。

第二节 国内相关研究文献综述

一、运动员选材概念的相关研究

目前文献中对运动选材的称谓有许多，比如运动选材、运动员选材、运动员科学选材、科学选材等，但是基本含义大致相同，其中通用性较强、简明扼要的是“运动选材”。1979年出版的《中国百科大辞典》的体育卷则将“运动员选材”定义为：经符合专项运动特点和要求的多指标测试和预测，准确地从小选出适合从事某项运动的人才，以提高培养成功率。我国学者过家兴（1988）提出，运动员的早期选材是在“寻找和发现先天性竞技能力高、后天可训练性又强的运动员。”徐本力认为运动员选材是根据各个项目的特点，以科学的测试和预测方法，从众多的儿童少年和运动员后备力量中，准确地选拔出那些在先天和后天条件方面均较优越

① VANDENDRIESSCHE J，VAEYENS R，VANDORPE B，et al.Biological maturation，morphology，fitness，and motor coordination as part of a selection strategy in the search for international youth (soccers) players (age：15–16 years) [J].Journal of sports sciences，2012，30（15）：1695–1703.

的运动员人才。隗金水[①]从系统整体的选育角度出发，认为运动员选材不应只是一次或若干次静态的测试，也不只是横断面的指标筛选和选材标准制定，它是一个纵向的、连续的、长期的过程，选材和育才应该互相渗透，不能将两者人为割裂，并在其论文中提出了“选材的选育结合理论”。

刘献武等（1991）在《运动选材学》一书中提出，选材是直接或间接地将被选者的运动才能之天赋因素测定出来，并根据测试结果分析预测其未来的竞技能力。

曾凡辉、王路德、邢文华等（1992）在《运动员科学选材》一书中提出，科学选材是根据不同运动项目的特点和要求，用现代科学的手段和方法，通过客观指标的测试，进行综合评价和预测，把先天条件优越、适合从事某项运动的人才从小选拔出来，进行系统的培养，并且不断地检测其发展趋势的一个过程。

叶国志等（1992）在《运动员科学选材指南》中提出，科学选材就是用科学的方法和手段挑选合乎要求的青少年运动员苗子的工作过程。

隗金水提出，“运动员选材”的概念重新界定为运动员选材是与育材密切结合的选拔青少年儿童运动人才的动态过程”[②]。它不仅要求结合育材情况进行选材预测，还要对从育材中获得数据的过程进行细致的考察，而不是教条地、静态地看待从育材中获得的数据。

综观以上学者的选材观点可见，虽然表述和侧重点有所不同，但是其共性是非常突出的，即选材就是依据科学的原理和方法，挑选优秀运动员并在训练中不断检测筛选运动员的过程。并且，选材主要挑选尚未经过训练或有一些训练经历但目前还不是优秀运动员的人才，即俗称“原材料”或“半成品”者，选中后通常要进行较系统的长期训练，至少要经过较长

① 隗金水．运动员选材的选育结合理论与实证研究[D].北京：北京体育大学，2003：29-38.

② 隗金水．运动员选材的选育结合理论与实证研究[D].北京：北京体育大学，2003：29-38.

时间的训练才能让他们投入大型比赛。

二、足球运动员选材指标与方法的相关研究

《运动员科学选材》（1992）将儿童少年足球运动员选材分为守门员和锋卫线队员两个部分，将选材指标体系分为形态、机能、素质、技术等部分。其中守门员形态类测量包括身高、指距－身高；素质类测试包括30米跑、3米滑步摸地、立定跳远、引体向上；机能类测试为肺活量。锋卫线队员形态类测量包括身高、克托莱指数；素质类测试包括30米跑、3米折返跑、12分钟跑、立定跳远；机能类测试为肺活量/体重、心功指数；技术测试主要为定点射门、长传等指标①。该研究同时还制定了不同年龄运动员的选材评价标准，奠定了我国足球运动员选材的研究基础。随着足球运动的快速发展，1992年所制定的该选材指标和评价标准在一定程度上已经不能满足现代足球运动员选材的需求。

与国外研究观点相似，国内大多数学者也认为合理的体能指标应该被纳入青少年足球运动员的选材指标体系中。孙永生（2002）采用专家评定与回归分析相结合的方法，对儿童少年包括身体素质在内的27项指标进行综合测试分析，得到七项初级选材的参考指标②。刘红兵（2011）通过统计国外部分国家级青少年足球运动员选材身体素质指标，得出我国与国外的相同点是都选用了耐力、速度、爆发力三项指标③，提出国内外学者均认同速度、耐力素质和爆发力是足球运动最基本、最重要的素质，应该纳入青少年足球运动员选材指标体系。另外，各国均把短距离的加速和冲

① 曾凡辉，王路德，邢文华，等. 运动员科学选材[M]. 北京：人民体育出版社，1992：515–549.

② 孙永生. 儿童足球运动员选材指标的研究[J]. 沈阳体育学院学报，2002（2）：13–15.

③ 刘红兵. 中、外青少年足球运动员选材身体素质指标比较分析[J]. 南京体育学院学报（自然科学版），2011，10（4）：68–72.

刺能力作为速度素质选材参考的指标，说明足球运动的这一特点已被一致认可。同时，作者提出我国测试耐力素质的12分钟跑和测试力量素质的仰卧起坐并不能反映足球运动需要的专项耐力和力量特征，利用该方法和指标进行耐力和力量评价存在争议。足球比赛的特点是强度大、时间长、多间歇，并且经常出现加速、急停、转身等技术动作，所以许多专家对之前将12分钟跑作为足球运动员耐力评定手段提出质疑。我国学者周俊飞（2010）通过实验对比发现Yo–Yo间歇耐力测试的运动模式和能量代谢特点更能满足球专项的需要①。

李光辉（2013）研究发现身高体重等身体形态指标的优势在足球比赛中不能转变为运动表现方面的优势，他认为过高的身高体重在一定程度上反而会对运动员的平衡能力和快速移动身体的能力起到负面作用，特别是在早期选材阶段教练员不应将身高体重指标作为足球运动员的选材重要指标②。

宋澎在研究③中选取跑动颠球、往返运球、传接球、接趟球射门、铲球和争顶球等六项指标作为15～17岁男子足球运动员的基本技术测试项目并制定了测试标准。侯会生研究④认为，中国足球协会制定的我国U–15男子足球运动员的技能测试指标基本上体现了足球比赛的需要，是比较科学的，包括角球、前场正面定位球、折线带球等五项指标。相关研究⑤认为同年龄段运动员在静态下的技术完成情况较好，而在运动中完成

---

① 周俊飞．12分钟跑与Yo–Yo训练对男子足球运动员专项体能影响的比较研究[J]. 武汉体育学院学报，2010，44（9）：97–100.

② 李光辉．足球运动身高体重选材理念的争议与探讨[J]. 湖北体育科技，2013，32（1）：42–45.

③ 宋澎，麻田雷．对我国优秀少年足球运动员基本技术、身体素质、训练水平的综合评价[J]. 北京体育大学学报，1993（2）：81–84.

④ 侯会生．我国U–15男子足球运动员基本技能测试与综合评价[J]. 北京体育大学学报，2012（5）：128–132.

⑤ 侯会生，崔浩澜．我国国少队重点年龄段（90年龄组）优秀运动员身体素质和基本技术分析[J]. 西安体育学院学报，2006，23（3）：91–94.

技术动作较差。柳慧玲对我国高水平大学生足球运动员进行心理测试并确定了思维敏捷性和正确性、复杂反应能力、意志品质、内部感知能力、简单反应能力、外部感知能力和注意力分配为主要构成因素，可以作为足球运动员专项心理能力评价和选材的依据①。侯卫东提出，我国女子足球运动员的心理测试研究②③通过主成分分析等数理统计方法④确定了意志品质、选择反应时、注意力等九项指标作为反映足球运动员的专项心理能力的有效指标。王宁对长春亚泰50名不同竞技水平的青少年足球运动员进行了专项心理能力的调查和测试，结果表明动机因子、焦虑控制因子、注意力广度因子、自信心因子、意志品质因子在一级运动员和二级运动员两个组别间具有显著性差异，认为其可以作为青少年足球运动员专项心理能力的指标并且制定了心理能力等级评定标准⑤。

① 柳慧玲. 高校高水平足球运动员专项心理能力评价与选材研究[J]. 河北体育学院学报，2007, 21（3）：85–88.

② 侯卫东. 优秀女子足球运动员心理素质结构的研究[J]. 北京体育大学学报，2005,（05）：621–623.

③ 侯卫东. 优秀女子足球运动员专项心理素质结构研究[J]. 天津体育学院学报，2004，19（1）：65–69.

④ 侯卫东. 优秀女子足球运动员专项心理素质结构及评价标准的综合研究[J]. 首都体育学院学报，2005，17（3）：59–62.

⑤ 王宁. 青少年男子足球运动员专项心理能力评价标准的研究[D]. 长春：吉林大学，2009：15–18.

第三章　选材指标体系构建方法

本章将从我国青少年男子足球运动员选材指标体系构建的原则、选材指标体系构建的具体过程，以及选材指标体系构建的方法展开研究。

第一节　选材指标体系设计原则

考虑到青少年运动员的生长发育特点和现代足球运动的项目特征，要寻找出青少年足球运动员选材最科学、最合理、最有效的指标对其进行评价，客观且全面地反映评价对象，就必须按照一定的原则进行全面的研究和分析。通过咨询U系列青少年教练员，结合自身的选材实践经验，总结出青少年足球运动员选材过程中需要遵循以下基本原则。

一、整体性原则

指标体系的整体性体现在评价指标维度的结构平衡和足球运动员发展阶段的衔接。选材指标体系的设计首先考虑了选材时对于足球运动员各项竞技能力的评价和分析，做到综合考量，注意指标体系的结构平衡。不刻意地偏重某一方面，而是依据足球专项特征，用整体的眼光和思路进行选择。选材指标体系的设计需符合青少年身心发展规律、足球运动员人才成长规律、运动员全程性训练过程特征。

二、客观性原则

本研究为避免以往选材过于主观等因素的影响，尽可能保持选材评价中的客观性，从足球专项特点和运动员身心发展的规律出发，选择可以如实反映和评价青少年运动员竞技能力实际情况的指标。指标体系建立在客观真实的基础之上，同时，根据运动员在选材测试过程中的表现客观进行记录，通过因子分析等数理统计方法确定最终的选材指标体系。

三、科学性原则

指标体系的确定要建立在系统论、方法论等科学的基础上，依据《中国青少年足球训练大纲》等对青少年足球运动员关键能力的界定，结合青少年足球运动员身心发展的阶段性特征，进一步细化不同年龄段青少年运动员的选材评价指标。全面采集、存储青少年足球运动员的多维度测试数据，并深入挖掘和分析数据。在青少年足球运动员选材指标的选择、测试方法的合理性方面不断地综合考量，始终坚持科学性原则，使指标能够准确、客观地反映足球运动员的特点和目前我国不同年龄段青少年足球运动员的竞技水平。

四、简明性原则

从选材指标体系来看，尽管涉及面较广，但青少年男子足球运动员选材指标体系从设计、初建、优化均坚持简明性原则，尽可能避免评价过程重复、评价事项繁杂等问题，使其更具效率性。指标体系的构建和测试方法的设计必须考虑实际操作和实施过程中的可行性，选取指标时要反复地考虑测试仪器、测试环境、受试人员完成的难易度等因素。仪器操作过程过于复杂，青少年运动员对于测试内容不易理解或者掌握、测试环境不易控制等，都不利于研究的顺利进行，同时，也会使今后各教练员在短时间内难以掌握选材实践的应用和操作，进而可能不被教练员们所认可。因此，选材指标应该相对简单明了且通俗易懂，便于数据信息的采集与统计，操作程序可控，进而提升选材指标体系的可操作性。

五、定性与定量相结合的原则

对于运动员竞技能力的子能力，可以通过数据等表现形式的指标进行定量描述，如体现其速度能力的30米跑等；对于不可定量测量的测试指标则应采用定性分析，如比赛中球员的技战术表现水平难以数据化，可以定性分析。运动员选材指标包括定量和定性两个方面，定量指标的优点为客观性强，在以数据为基础的定量评价上，有效结合教练团队多年的宝贵选材经验，可以在一定程度上提高运动员选材的客观性和准确性，从而选出更具潜力、更为优秀的足球运动员。

六、不干扰原则

青少年足球运动员选材过程中需尽量减少外界环境和选拔人员的干扰，否则，部分球员的各项测试可能处于相对“不公平”的状态，尤其是运动员的身体素质、身体形态、心理和技术测试环节，在上述测试中尽量使运动员处于相对封闭的环境中独立完成。

第二节　选材指标体系构建的过程

建立青少年男子足球运动员选材指标体系的主要目的之一，是通过对可操作性概念界定，从而探索青少年男子足球运动员选材所应包含的维度和构成因素，以对其进行可量化的科学评价。指标体系的建立要运用定性与定量相结合等原则，在运动选材研究中，资料的处理分为定性资料的处理和定量资料的处理，定量分析是定性分析的深化，定性分析是定量分析的指导，二者结合才能提高指标体系的科学性和准确性。大量运用定量方法（尤其是数理统计方法）是进行科学选材研究的发展趋势[①]。

指标体系的建立必须按照一定的科学程序和方法，这样有利于保证指标体系较高的信度。一般采用三个步骤：第一，初选，即对初选指标进行逻辑和理论验证；第二，专家评定，即初选指标要经过相关专家二至三轮的经验筛选；第三，统计优化，即对经验筛选后的指标进行测量，然后经过统计软件进行再次筛选[②]。本研究选材指标体系的建立流程如图3–1所示。

① 王金灿.运动选材学[M].北京：人民体育出版社，2009：29–30.

② 田麦久，武福全.运动训练科学化探索[M].北京：人民体育出版社，1988：247.

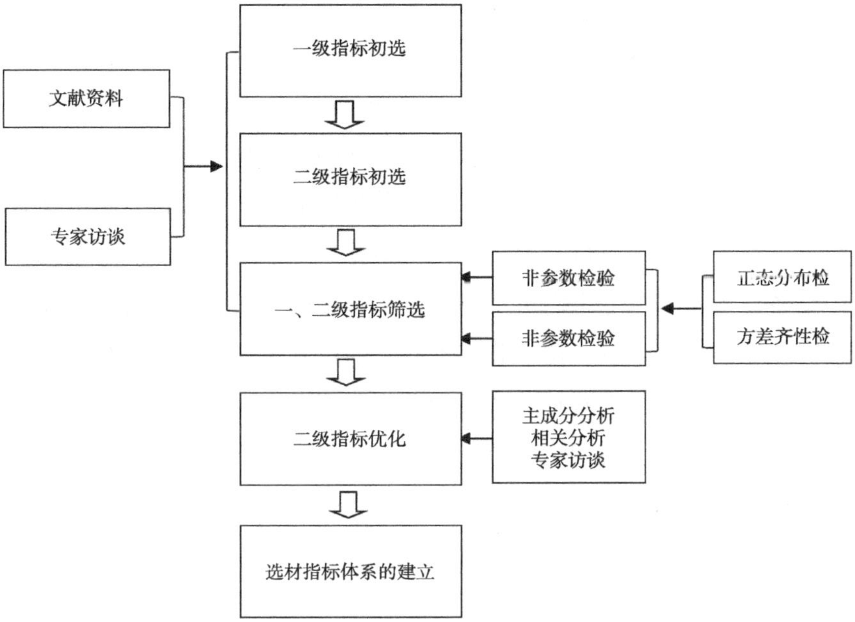

图 3-1　选材指标体系构建的流程

一、选材指标体系的初步建立

选材指标的科学性和合理性是青少年男子足球运动员选材指标体系构建的重要前提。在多领域关于指标选取的研究中，较为普遍使用的有德尔菲法、理论分析法、频度分析法、经验选择法，以及综合以上集中选取指标方法的方式。本研究主要基于文献调查、德尔菲法和经验选择法选取合理的指标。

研究前期，笔者作为主要成员参加了2014年中国足球协会举办的青少年足球运动员选材工作、2013年拜仁慕尼黑俱乐部与英利集团合作的青少年足球后备人才选拔等，在现场观察和实际操作过程中积累了相对丰富的经验，对本研究的开展做了一定的准备。之后，本研究对国内外足球运动员选材相关文献资料进行全面、深入的收集、整理与分析，在现有足球运动员选材理论的基础上，采用调查研究法，将初步确定的选材指标体系以问卷的形式发放给研究领域的有关专家以评估指标的价值。评分分为“非常重要”“重要”“一般”“不重要”四个程度，以1～10分作为选材内容的重要程度标准，分值越大，表明该指标的重要程度越高。研究者汇总各位专家的意见进行归纳整理，然后课题组依据第一轮各位专家的综合修正意见并与各位专家进行沟通交流，对指标的筛选进行整理和统计后再次反馈给各位专家，请专家们填写问卷作出自己的判断和提出补充建议，直到所有专家的意见一致，初步确定不同年龄段青少年足球运动员选材的一级、二级指标。鉴于不同年龄选材的特点、青少年足球运动员发展的长期性，以及比赛位置的多变性，本研究将12～16岁青少年足球运动员的各年龄段群体（不包含守门员）作为整体进行一级、二级选材指标的确定，而17岁男子足球运动员群体按守门员、后卫、中场、前锋四个位置确定相应选材指标。

二、选材指标的初步筛选

本研究主要采用独立样本t检验和非参数检验中的两独立样本t检验的方法对两组不同竞技水平的运动员的实测数据进行对比分析，以得到两组运动员之间具有显著性差异的测试指标。

独立样本t检验首先应满足以下条件：（1）两组数据相互独立，互不相关；（2）两组样本总体符合正态分布；（3）两组方差齐性。本研究的测试对象的实测数据欲采用独立样本t检验的方法进行第一步的指标筛选，验证哪些指标在两组不同水平运动员之间存在显著差异，因此，首先进行测试数据正态分布和方差齐性检验，不满足其中任何一点则采用非参数检验的方法。

非参数检验由于对数据的要求较为宽松，对资料的分布类型不像参数检验那样严格，适用于任何分布类型的资料。但值得注意的是，当资料满足参数检验的条件时，若使用非参数检验会大大降低检验的功效，因此，在本研究中首先选择参数检验的方法。

三、选材指标的统计筛选

在统计筛选阶段，本研究采用因子分析方法。因子分析法是综合评价指标体系筛选最常用的方法之一，即将确定的评价对象和目标根据特定的原则或依据划分成若干个下属的子系统，并将子系统逐步细分，直到可以用具体的统计指标来描述每一个部分和侧面。因子分析的目的是将原来大量的变量信息用相对较少的相互独立的因子变量所代替，可以用以下的代数模型来表示：

$$\begin{cases} X_1=a_{11}F_1+a_{12}F_2+\dots+a_{1m}F_m+\varepsilon_1 \\ X_2=a_{21}F_1+a_{22}F_2+\dots+a_{2m}F_m+\varepsilon_2 \\ \vdots \\ X_i=a_{i1}F_1+a_{i2}F_2+\dots+a_{im}F_m+\varepsilon_i \\ \vdots \\ X_p=a_{p1}F_1+a_{p2}F_2+\dots+a_{pm}F_m+\varepsilon_p \end{cases}$$

式中，X_1，X_2，…，X_p为p个原有变量，是均值为0、标准差为1的标准化变量，F_1，F_2，…，F_m为m个因子变量，m小于p，

表示成矩阵形式为：$X=AF+\varepsilon$，其中：

$$X=(X_1, X_2, \dots, X_p)$$

$$F=(F_1, F_2, \dots, F_m)$$

$$\varepsilon=(\varepsilon_1, \varepsilon_2, \dots, \varepsilon_p)$$

$$A=\begin{cases} a_{11}, a_{12}, \dots, a_{1m} \\ a_{21}, a_{22}, \dots, a_{2m} \\ \vdots \quad \vdots \quad \vdots \quad \vdots \\ a_{p1}, a_{p2}, \dots, a_{pm} \end{cases}$$

矩阵A包含了因子分析模型中的所有因子载荷，所以也叫作因子载荷矩阵。该矩阵的每一个元素都是某个变量与某一公共因子之间的相关系数，它反映二者关系的密切程度。

第一，进行因子分析之前，已经对本研究中两组不同竞技能力的各位置运动员实地测试数据进行了参数和非参数检验，筛选出部分选材指标，然后依据足球运动的项目特点适当增加一些两组运动员之间差异相对较大的指标，将所有指标的测试数据输入Spss22.0分析软件，主要分为形态、机能、素质、技术、心理等重要模块。第二，对于模块中的原始数据进行KMO和Bartlett球形检验，以检验各组数据是否满足进行因子分析的条件，若KMO统计量大于最低标准0.5，适合进行因子分析，Bartlett球形检验中的p值小于0.001的话，便适合做因子分析。第三，计算相关矩阵，采用因子分析法，得出旋转后的因子载荷矩阵，取特征值大于1或者特征值近似于1且贡献率与前一位指标相差不大的指标的因子数作为公共因子数。第四，用每个因子的方差贡献率除以每个模块最后的累计贡献率，得出每个因子的权重，结合专家调查的结果确定最终各模块的指标和权重系数。

第四章　青少年男子足球运动员选材指标体系初建

第一节　选材指标与测试方法

本部分研究首先依据不同年龄段青少年发展的要求、发展目标等，结合青少年身体素质敏感期、运动员竞技能力的双子模型、足球运动员全程性训练过程的阶段特征，以及现代足球运动项目特征等，针对我国青少年足球运动员各年龄段的专项发展水平制定与之相适应的测试程序与测试指标，继而通过专家访谈、问卷调查等方法初步筛选测试指标和测试方法，逐步确定由体能、技能、心理能力等子系统构成的我国青少年足球运动员选材测试指标体系。

一、骨龄测试

测试目的：获取运动员的骨骼发育成熟程度的数据。

测试器材：骨龄测试仪器。

测试场地：室内训练馆。

测试方法：左手按照统一的要求（掌面向下紧贴数据采集板，中指轴与前臂轴成直线，四指伸直合拢，拇指与食指约成30°角）从防护袖筒伸入，机器上方X线投射中心正对第三掌骨头，在数据采集板十字中心右上方1厘米处固定了一个透明定位柱，运动员用中指和食指指根夹住，拍摄人员和运动员都可以通过屏幕上画面来进行调整。如图4-1所示。

测试次数：1次。

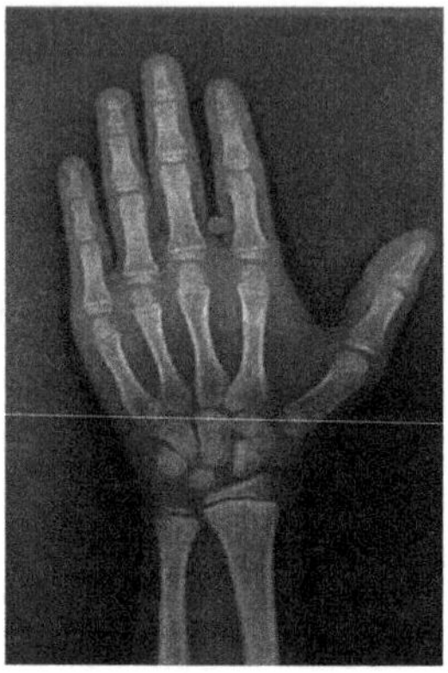

图4-1　骨龄拍摄手部位置

二、身体形态测试

（一）身高

测试目的：获取运动员的身体高度数据，并同时作为身体成分测试的基础数据。

测试器材：金属卷尺、压头板。

测试场地：教室或会议室。

测试方法：受试者赤脚站立，脚跟并拢，足尖分开约30厘米，双臂自然在两侧下垂，脚跟、骶骨部、两肩胛骨间及头的后部要靠着垂直的墙壁，当压头板压在受试者的顶骨时（在头保持在法兰克福平面时颅骨的最高点时），要求受试者目视正前方并深吸一口气，眶下缘（眼眶的下缘）

与耳屏点（耳屏上的切迹）处在同一水平线，并在压头板下的纸袋上做上铅笔记号。将压头板移开，用伸缩的金属卷尺测量从平整的地面到铅笔记号的距离。测试时间统一为早上。

测试次数：1次。

测试记录：记录身体高度，精确到0.1厘米。

（二）下肢长

测试目的：获取运动员下肢长度数据。

测试器材：带游标的直钢尺。

测试场地：室内训练馆或者会议室。

测试方法：令受试者大腿外展，找到测量点股骨大转子点。受试者自然站立，将带游标的直钢尺固定端靠在地面，然后移动活动尺至股骨大转子点，测量其优势侧股骨大转子点至地面的垂直距离。

测试次数：1次。

测试记录：记录优势侧股骨大转子点至地面的垂直距离，精确到0.1厘米。

（三）小腿长＋足高

测试目的：获取运动员小腿长＋足高数据。

测试器材：带游标的直钢尺。

测试场地：室内训练馆或者会议室。

测试方法：令受试者赤脚且膝部弯曲，大小腿屈曲90°时，找到胫骨点，测量胫骨点至地面之间的垂直距离。

测试次数：1次。

测试记录：记录胫骨点至地面之间的垂直距离，精确到0.1厘米。

（四）跟腱长

测试目的：获取运动员跟腱长度数据。

测试器材：带游标的直钢尺。

测试场地：室内训练馆或者会议室。

测试方法：令受试者两脚自然开立，扶墙提踵，小腿肌肉充分收缩，测试者在受试者小腿腓肠肌内侧肌腹下缘画一标志，然后令受试者成自然站立姿势，再在跟点画一标志，测量两点间的垂直距离。

测试次数：1次。

测试记录：记录垂直距离数值，精确到0.1厘米。

（五）手长

测试目的：获取守门员手长数据。

测试器材：游标卡尺。

测试场地：室内训练馆或者会议室。

测试方法：令受试者五指并拢并伸平，测量腕关节远端腕横纹中点至指尖点的直线距离。

测试次数：1次。

测试记录：记录直线距离数值，精确到0.1厘米。

（六）指距

测试目的：获取守门员指距数据。

测试器材：带游标的直钢尺。

测试场地：室内训练馆或者会议室。

测试方法：将测量尺固定在平台上，受试者两脚分开，两臂侧平举，上体伏在测量尺上，一手指尖点固定于零位，另一侧上肢尽量向侧伸展，手掌（掌心）、臂、胸紧贴尺面，两臂成一直线，测试者面对受试者，测量两中指尖点之间的直线距离。

测试次数：1次。

测试记录：记录直线距离数值，精确到0.1厘米。

（七）胸围

测试目的：获取运动员平静胸围、吸气胸围、呼气胸围数据。

测试器材：带尺。

测试场地：室内训练馆或者会议室。

测试方法：测试者面对受试者，平静呼吸时，双手将带尺上缘置于背部肩胛骨下角点，经腋窝水平绕至胸前，带尺下缘置于乳头上缘，读取带尺数值。然后采取同样方法令其最大吸气，读取带尺数值，再令其最大呼气，读取带尺数值。

测试次数：1次。

测试记录：记录所读围度数值，精确到0.1厘米。

（八）大腿围

测试目的：获取运动员大腿围数据。

测试器材：带尺。

测试场地：室内训练馆或者会议室。

测试方法：令受试者两脚自然开立，测量优势侧臀纹线最低点水平绕行一周的围长。

测试次数：1次。

测试记录：记录所读围长数值，精确到0.1厘米。

（九）踝围

测试目的：获取运动员大腿围数据。

测试器材：带尺。

测试场地：室内训练馆或者会议室。

测试方法：令受试者两脚自然开立，测量优势侧胫骨内踝上方小腿最细处水平绕行一周的周长。

测试次数：1次。

测试记录：记录所读围长数值，精确到0.1厘米。

（十）体重与身体成分测量

测试目的：获取运动员体重和身体成分数据。

测试器材：体成分测试仪（Inbody230）。

测试场地：室内训练馆或者会议室。

测试方法：早晨空腹，受试者穿运动短裤站在体成分测试仪站立标记处，读取体重数值。在仪器屏幕上输入运动员年龄、性别、身高后，令其双手握住仪器把柄，两臂自然下垂，直到测量结束并已录入数据。

测试次数：1次。

测试记录：记录体重、体脂百分比、身体质量指数、瘦体重、腰臀脂肪比。

三、身体机能测试

（一）肺活量

测试目的：获取运动员肺活量数据。

测试器材：肺功能仪、一次性吹嘴。

测试场地：教室或者会议室。

测试方法：按照肺功能仪的使用说明，尽力完成要求的呼吸动作。

测试次数：1次。

测试记录：仪器显示的肺活量值。

（二）最大通气量

测试目的：获取运动员最大通气量数据。

测试器材：肺功能仪、一次性吹嘴。

测试场地：教室或者会议室。

测试方法：按照肺功能仪的使用说明，尽力完成要求的呼吸动作。

测试次数：1次。

测试记录：仪器显示的最大通气量值。

（三）视野

测试目的：获取运动员视野范围数据。

测试器材：彩色分辨视野计BD–Ⅱ–108型。

测试场地：教室或者会议室。

测试方法：主试者调节托架与弧环距离使其靠近弧环边缘而不与弧环

碰触，被试按要求坐在视野计前，下巴放到平台托架上，用调节螺栓调节平台高度，闭上左眼使右眼能正视半圆弧环中心的绿色标志的注视圆点，测试过程中均不可转动眼球。主试将弧环放在0°～180°的水平位上，移动滑轮，使绿色视点放在被试左边靠近注视点处，然后将绿色视点由内向外缓慢移动，直至被试不能看见绿色为止，主试将该试点的刻度用笔标记在视野记录图纸上，再把绿色视点由外向内移动，直到被试恰能见到红色为止，用同法标记在图纸上。当色刺激从内向外或从外向内移动过程中会产生红色突然消失和再现的现象，该消失位置即谓盲点，每做完一个位置休息两分钟，左眼测试过程可按上述步骤重复进行。

测试次数：1次。

测试记录：记录左右眼水平面左右方向的视野范围、矢状面的上下方向的视野范围。

（四）四肢反应时

测试目的：获取运动四肢反应能力的数据。

测试器材：EP–Z 212智能型综合反应时测试仪。

测试场地：会议室。

测试方法：反应能力的强弱主要是通过反应时间和正确次数的测定来衡量的，智能型综合反应时测试仪要求对单一或多种色光进行不同的按键反应，体现出各项反应能力，测试仪器具有测试程序自动化、数据实时呈现、统计结果自动处理的智能化特征。测试对象坐于凳子上聆听指导语，待理解之后进入正式测试，注视光盒的色光指导灯（红黄绿蓝）。红色光刺激，按下左手键；黄色光刺激，按下右手键；绿色光刺激，踩下右踏板；蓝色光刺激，踩下左踏板。直至测试结束。

测试次数：1次。

测试记录：记录运动员左手、右手、左脚、右脚的反应时间和正确个数。

四、专项运动能力测试

(一) 30米跑

测试目的：获取运动员5米启动速度数据，10米、20米、30米的速度测试数据。

测试器材：专用测试仪1个、标志桶4个、皮尺1个。

测试场地：室外足球场。

测试方法：运动员采用站立式起跑，要求身体任何一部分都不得超出起跑线，待其看到仪器发出绿光之后立马冲刺，依次穿过5米、10米、20米、30米处的测速门，并持续加速冲过最后一个测速门后方两米处的标志桶。15分钟后，按照上述方法进行第二次测试。要求运动员穿着FG或者AG足球鞋。

测试次数：2次。

测试记录：分别记录5米、10米、20米、30米所用时间，精确到0.001秒，取最好成绩。

(二) 蹲起跳跃

测试目的：获取运动员双腿蹲起跳跃测试数据。

测试器材：专用测试仪1个、弹跳垫1个。

测试场地：室内训练馆。

测试方法：运动员起始姿势为站立，下蹲后尽力地快速垂直起跳，腾空过程中要求运动员双腿保持直立，上肢可自由摆动。第一次测试结束10分钟后，进行第二次测试，方法同上。

测试次数：2次。

测试记录：记录跳跃高度最好数值，精确到0.1厘米。

(三) 单腿跳跃

测试目的：获取运动员单腿跳跃测试数据。

测试器材：专用测试仪1个、弹跳垫1个。

测试场地：室内训练馆。

测试方法：运动员起始姿势为单脚站立，站立腿屈膝后尽力地快速垂直起跳。第一次测试结束10分钟后，进行第二次测试，方法同上。

测试次数：2次。

测试记录：分别记录左右腿跳跃高度最好数值，精确到0.1厘米。

（四）T形跑

测试目的：获取运动员T形跑测试数据。

测试器材：标志桶4个，秒表、皮尺各1个。

测试场地：室外足球场，A—B距离为10米，C—D距离为10米，B—C和B—D之间的距离均为5米。

测试方法：受试运动员做好准备后从A处标志桶右后方的起跑线出发，启动即刻测试者开始计时，运动员绕过B处标志桶，向身体左侧变向后绕过C处标志桶后跑向B处标志桶位置，然后8字形跑动绕过D处标志桶回到B处标志桶左侧，紧接着后退跑至A处标志桶左侧的终点，具体测试方法和路线见图3–5。要求运动员穿着FG或者AG足球鞋。第一次测试结束15分钟后，进行第二次测试，方法同上。如图4–2所示。

测试次数：2次。

测试记录：记录两次测试所用的时间，精确到0.01秒。

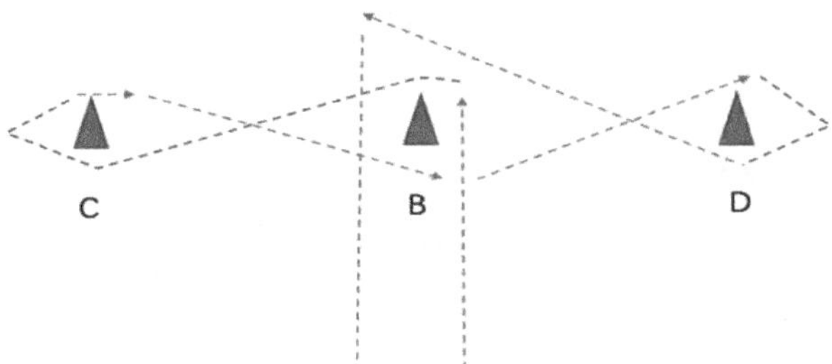

图4–2　T形跑示意

（五）专项爆发力

测试目的：获取运动员专项爆发力数据。

测试器材：足球10个、皮尺1副、标志桶10个。

测试场地：室外足球场地。

测试方法：受试运动员站在A—B起点线之后，分别用左右脚将放在线后的4个足球按照图4–3中的箭头指示方向大力踢出，左右脚各踢两次，第一落点在规定宽度范围内（18.3米）的球算为有效长传。要求运动员穿着FG或者AG足球鞋。

测试次数：1次。

测试记录：记录左脚两次踢球距离和右脚两次踢球距离，距离精确到0.1米。

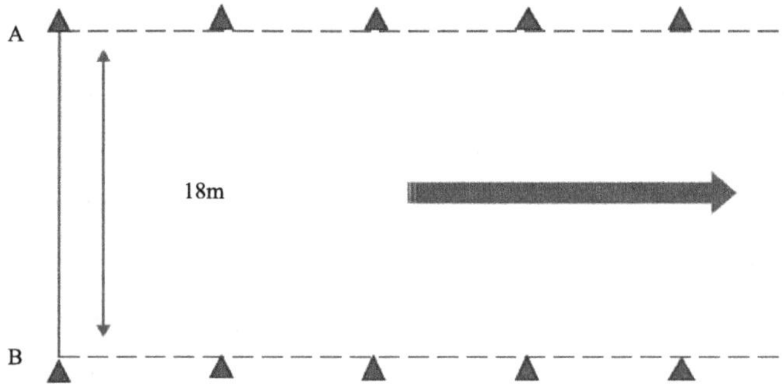

图4–3　专项爆发力测试

（六）Yo–Yo间歇耐力性

测试目的：获取运动员专项耐力测试数据。

测试器材：标志盘25个、标志桶50个、音箱1个、Yo–Yo测试音频1个。

测试场地：室外足球场地。

测试方法：测试队员完成两个标志桶之间距离为40米的一次折返跑，

其后队员有5秒间歇时间，当信号响起，队员必须再次开始跑动，在音乐节奏下按照要求在规定时间内跑到相应的标志桶，由Yo–Yo测试音频的声音信号来控制跑速；信号之间的间隔会越来越短，需要运动员不断地加快速度，调整好节奏，球员首次未能跟上既定速度时，将被警告一次，第二次未能跟上既定速度，测试将终止，在起跑信号发出前抢跑的球员，必须返回起点线重新开始这次折返跑，到达20米标志线后必须一脚踩线或过线才能返回。要求运动员穿着足球鞋进行测试。

测试次数：1次。

测试记录：记录各名运动员的跑动距离和速度级别。

五、技战术能力测试

（一）基本技术能力

测试目的：获取运动员时间压力下各项基本技术能力测试数据。

测试器材：标志杆20个、标志桶10个、足球14个、悬吊挂绳2条、皮尺1副、秒表1个、专用测试仪1个。

测试场地：室外足球场。

测试方法：如图4–4所示，运动员运球从中圈处的起点出发，开始计时，绕过1区域的各个标志杆，并进入2区域，将所带足球用优势脚传向左侧3米宽的目标门，然后将放置在区域中的足球用优势脚分别传向中间4米宽的目标门和右侧两米宽的目标门，非优势脚按照同样的顺序完成短传球；运动员跑向3区域，先用优势脚完成两次长传球，然后非优势脚两次长传；转身跑向4区域，按照先优势脚后非优势脚的顺序依次完成两次射门，完成后冲刺至终点，停止计时。要求运动员每完成一次传球或者射门，都必须绕杆后进行下一次传球或射门，各个区域足球的摆放位置可用脚稍作调整，测试的顺序为1–2–3–4，依次完成运球、短传球、长传球和射门，第二次测试必须在第一次测试结束10分钟后进行。

测试次数：2次。

测试记录：记录运球区域完成的时间、左右脚短传球的得分、左右脚长传球的得分、射门得分，以及整个技术测试所用的时间。

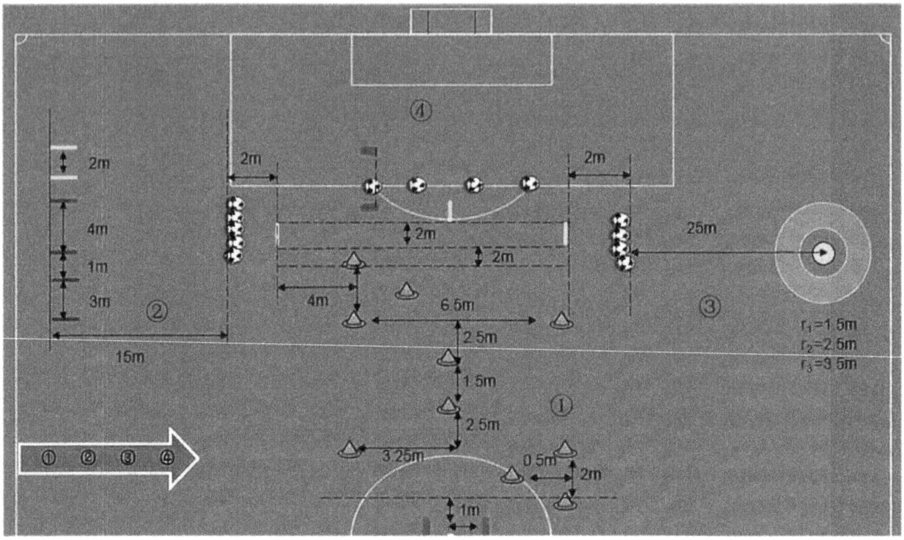

图 4–4　技战术测试场地及流程

（二）小场地比赛技战术能力测试方法

表4–1　后卫、中场、前锋球员比赛表现指标

比赛时刻	比赛表现	指标（技战术）
本方进攻	传球、射门	渗透性传球、控球中的传球、射门、传中球
	控球	压力下控球、非压力下控球、非受迫性丢球
	速度	一脚/两脚传球、带球速度、射门完成速度
	移动	利用纵深的移动、利用宽度的移动、门前包抄的移动、接应同伴的移动
本方防守	拦截	1v1、向边路/对方半场方向驱赶

续表

比赛时刻	比赛表现	指标（技战术）
本方防守	施压	一臂/两臂距离、防守中的身体对抗
	移动	支援同伴的夹抢、朝对方传球路线的移动、封堵
由攻转守	移动	丢球即刻的反抢、对持球人施压、封堵对方传球路线的移动
由守转攻	移动	向前转身、得球后向前传球、持球人向前带球

表4–2　守门员比赛表现指标

比赛时刻	比赛表现	指标（技战术）
本方进攻	传球	控球中的传球、手抛球
	控球	压力下控球、非压力下控球、非受迫性丢球
	移动	接应同伴回传球的移动
本方防守	拦截	1v1、对方射门的扑救、接空中球
	移动	出击、选位
由守转攻	速度	向前手抛球、向前长传球

测试人数：每队5人（包括守门员）。

测试场地：32米×23米。

测试器材：两种不同颜色的标志服若干、足球40个、标志盘20个、比赛球门2个、秒表1个。

测试方法：进行5v5比赛，比赛采用多球制不间断的比赛方式，每个球队的进攻阵型都要求为1–2–1，防守阵型要求为3–1，下一场比赛队员的位置要根据上一场的位置进行顺时针轮换；界外球、角球均由获得球权一方的守门员手抛球开始，取得进球后由得分球队守门员手抛球开始，出现犯规时由被犯规一方的守门员手抛球开始；比赛中不设越位犯规；比赛双方运动员分别穿着1至5号、6至10号分组对抗衫，以便于多名教练员进行观察并且评分。

测试时间：8分钟。

测试重复节数：1节。

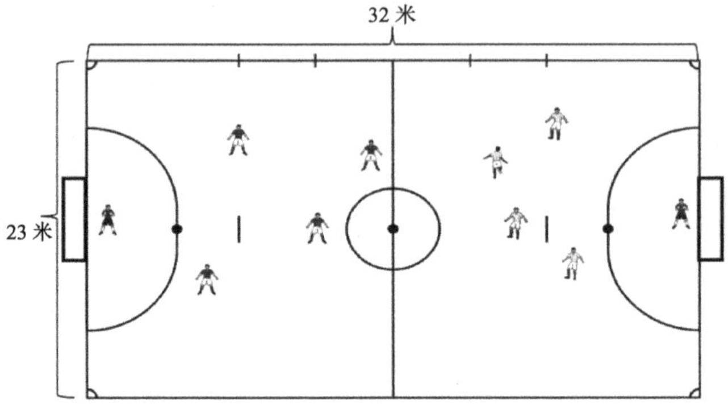

图 4-5　小场地比赛示例

六、心理测试

（一）注意力

测试目的：该套测验既可通过分测验测出注意的不同特征，又可将分测验的评价指标标准化测出综合注意力水平。效度检验表明，该测验是适用不同群体青少年注意力测评的有效工具。

测试器材：注意力测试量表、笔。

测试场地：教室或者会议室。

测试方法：进行测验时，首先向测试对象讲解测试要求，同时带领青少年运动员做例题，在所有被试运动员理解题意之后再进行正式测试，严格按照要求控制测试时间。

测试次数：1次。

表4-3　测验内容及时间①

量表名称	测量目标	操作时间
概念形成测验	注意的分配	3分钟
注意广度测验	注意的广度	3分钟
注意稳定测验	注意的稳定性	2分钟
注意转移测验	注意的转移	3分钟

（二）心理韧性

测试目的：获取运动员在面对压力时目标专注、情绪控制、积极认知、家庭支持和人际协助五个方面的测试数据。

测试器材：心理韧性问卷、笔。

测试场地：教室或者会议室。

测试方法：进行测验时，首先向测试对象讲解测试要求，同时带领运动员做例题，在理解问卷填写要求之后再进行正式测试。

测试次数：1次。

第二节　选材指标的测试程序和质量控制

一、测试程序的控制

将测试对象平均分为人数相同的两组，一组测试身体形态、专项运动

① 张力为，毛志雄.体育科学常用心理量表评定手册[M].北京：北京体育大学出版社，2004：216-220.

能力和技战术能力，另一组进行心理和身体机能测试。第一组队员先进行身体形态测试，然后进行专项运动能力和技术测试。同时，每个运动员必须先将速度、灵敏测试和技术测试测完才能开始其他专项运动能力测试，以保证技术指标和形态学指标的准确性，这样也遵循了运动训练学中的有序性原则。为了能够获得真实的测试数据，在进行身体素质和技术测试前，所有参加测试的运动员都需进行“FIFA 11+ ”热身。

第二组队员必须先完成心理测试再进行身体机能测试，以保证心理指标的准确性。下一个测试日两个小组的队员互换进行测试。

二、测试质量的控制

每个年龄段的各项测试始终由同一个测试者完成，保证测试要求的统一性。

在心理测试过程中严格按照测试要求进行，保证测试环境（会议室或者教室）的安静。

请各年龄段各队伍主教练在测试前对测试对象进行动员，讲明本次测试的目的及测试过程中配合的重要性，并保证整个测试过程中教练员在场。

测试前和测试过程中对测试仪器反复进行校正，保证测试结果的客观性和准确性。

测试之前及测试当日受伤不能坚持正常训练的运动员，不对其进行测试，以保证测试数据的可靠性。

为提高测试结果的可靠性，各项指标的测量和测试之前，操作人员均由各个专业的相关专家进行培训，专家包括体育心理学、体育测量与评价、运动解剖等专业教师，以及教学实验中心和体育科研中心相关工作人员。要求每一位测试人员都非常熟悉各自负责测试项目的仪器使用、测试要求、测试细则，并能在尽量短的时间内，非常准确地完成测试和记录数据。

第五章　青少年男子足球运动员选材指标体系优化

本章内容主要以17岁男子足球运动员选材指标体系的优化为示例，基于17岁男子足球运动员的多维度测试数据信息，呈现、阐述和分析选材指标体系的初步筛选与统计筛选两个重要过程。

第一节　选材指标初步筛选

一、形态特征

根据项群理论，足球运动属于同场对抗性项目，身体形态是运动员体能的重要组成部分。身体形态测量，是定量化研究人体外部特征的重要方法，是研究人体的体质水平、营养状况和选材必不可少的方法手段，可提供运动员身体素质、运动技术能力、运动能力等方面的大量有价值信息。关于优秀足球运动员是否必须拥有强壮的身体、身高多少更为合适等问题是讨论较多的，我国学者早期也曾在此些方面做过相关的研究。本研究力求通过客观实测数据按照场上位置将17岁足球运动员的形态指标以及派生指标加以分析和总结，发现和证实其体型特征对赛事的影响。

（一）不同位置球员之间形态特征的分析

如表5-1所示，由四个位置运动员身体形态测试数据的方差分析结果可见，在四个位置的运动员之间，仅仅在呼气胸围、踝围、大腿围、胸围/身高×100、下肢长/身高×100和（小腿长＋足高）/下肢长×100几项指标的测试结果上，没有显著性差异，而其他的形态指标在不同位置之间的差异较为明显，如体重指标呈现出守门员好于后卫好于中场好于前锋，平静胸围指标呈现守门员好于后卫好于前锋好于中场，下肢长指标为守门员好于后卫好于前锋好于中场等。因此，不同位置的运动员具有各自的形态特征，在进行17岁足球运动员选材指标构建时，首先应该根据位置进行身体成分选材指标的有效甄别。

表5-1　不同位置之间形态指标的比较

测试指标	守门员	后卫	中场	前锋	F值	p值
身高（厘米）	182.6±5.0a	177.6±5.5a	173.9±6.1c	174.3±6.0c	17.079	$p<0.01$
体重（千克）	68.2±5.8a	65.1±6.7b	62.8±7.8b	62.4±4.9b	5.611	$p<0.01$
平静胸围（厘米）	86.9±4.5a	85.8±4.9ab	84.1±4.9b	84.4±3.1b	3.071	$p<0.05$
吸气胸围（厘米）	91.4±4.1a	89.7±4.5ab	88.3±5.0b	88.4±3.0b	3.817	$p<0.05$
呼气胸围（厘米）	83.7±4.4a	83.4±4.6a	81.9±4.8a	82.3±3.1a	1.767	$p>0.05$
下肢长（厘米）	92.2±3.5a	89.5±4.0b	86.6±4.9c	87.3±3.9c	13.078	$p<0.01$
踝围（厘米）	22.4±0.8a	22.3±1.4a	21.9±1.6a	21.9±1.0a	1.265	$p>0.05$
小腿长＋足高（厘米）	47.9±2.3a	46.4±1.9b	45.4±2.5bc	45.2±2.3c	9.814	$p<0.01$
大腿围（厘米）	55.2±3.5a	54.9±3.8a	54.6±4.5a	54.7±3.6a	0.171	$p>0.05$

续表

测试指标	守门员	后卫	中场	前锋	F值	p值
跟腱长（厘米）	29.1±4.1a	26.7±2.3b	26.2±3.1b	26.8±2.2b	6.876	$p<0.01$
克托莱指数	373.5±31.5a	366.4±31.5a	360.5±39.2ab	357.7±24.2ab	1.550	$p>0.05$
胸围/身高 ×100	48.6±3.1a	48.3±2.8a	48.4±2.6a	48.4±2.1a	0.056	$p>0.05$
下肢长/身高 ×100	50.5±1.2a	50.4±1.3a	49.8±1.7b	50.1±1.2ab	2.870	$p<0.05$
踝围/跟腱长 ×100	78.0±10.8b	84.2±7.9a	85.1±11.3a	82.4±8.7a	3.700	$p<0.05$
（小腿长+足高）/下肢长 ×100	51.9±1.5a	51.8±1.6a	52.5±2.7a	51.8±1.5a	1.760a	$p>0.05$
指距（厘米）	184.0±6.1	–	–	–	–	–
手长（厘米）	18.5±0.8	–	–	–	–	–
指距—身高（厘米）	1.4±4.3	–	–	–	–	–

注：采用Duncan's multiple range test 方法分析，同一行不同字母表示显著性差异程度。下同。

（二）守门员优秀组与一般组形态特征的分析

在对优秀组和一般组守门员形态特征进行差异性检验之前，首先对其数据进行正态性和方差齐性检验，以确定在Spss分析软件中利用t检验还是非参数检验方法，表5–2、表5–3为不同组别守门员正态性和方差齐性检验结果。两组测试对象样本量在3～50，因此正态分布检验采用了Shapiro – Wilk 统计，p值越大，越支持资料服从正态分布，当大于0.05时，认为数据分布符合正态分布的结论，显著水平值$p<0.05$时，则拒绝正态分布假设。 方差齐性检验中用Levene检验比较两组数据的方差是否相等，以判断数据的离散程度是否存在差异，如果得到的显著性水平小于0.05，则拒绝方差相同的假设，反之，则接受方差相同的假设。

表5-2　守门员形态指标正态性检验

—	组别	Shapiro-Wilk		
		统计	df	显著性
身高	1	0.906	13	0.161
	2	0.883	15	0.053
体重	1	0.848	13	0.027
	2	0.920	15	0.192
平静胸围	1	0.903	13	0.148
	2	0.863	15	0.027
吸气胸围	1	0.934	13	0.384
	2	0.791	15	0.003
呼气胸围	1	0.888	13	0.092
	2	0.936	15	0.333
下肢长	1	0.911	13	0.190
	2	0.868	15	0.032
踝围	1	0.905	13	0.159
	2	0.921	15	0.202
小腿长＋足高	1	0.803	13	0.007
	2	0.813	15	0.005
大腿围	1	0.918	13	0.232
	2	0.835	15	0.011
跟腱长	1	0.731	13	0.001
	2	0.859	15	0.023
指距	1	0.928	13	0.323
	2	0.846	15	0.015

续表

—	组别	Shapiro–Wilk		
		统计	df	显著性
手长	1	0.922	13	0.264
	2	0.879	15	0.046
指距－身高	1	0.811	13	0.009
	2	0.875	15	0.040
胸围/身高×100	1	0.898	13	0.127
	2	0.849	15	0.017
下肢长/身高×100	1	0.899	13	0.130
	2	0.780	15	0.002
踝围/跟腱长×100	1	0.750	13	0.002
	2	0.818	15	0.006
（小腿长＋足高）/下肢长×100	1	0.886	13	0.087
	2	0.878	15	0.044

表5–3　方差齐性检验

—	Levene 统计	df1	df2	显著性
身高	3.035	1	26	0.093
体重	0.451	1	26	0.508
平静胸围	1.458	1	26	0.238
吸气胸围	1.185	1	26	0.286
呼气胸围	0.893	1	26	0.353
下肢长	0.924	1	26	0.345
踝围	7.172	1	26	0.013
小腿长＋足高	2.745	1	26	0.110

续表

—	Levene 统计	df1	df2	显著性
大腿围	1.084	1	26	0.307
跟腱长	1.317	1	26	0.261
指距	0.147	1	26	0.704
手长	2.010	1	26	0.168
指距－身高	2.966	1	26	0.097
胸围/身高 ×100	0.818	1	26	0.374
下肢长/身高 ×100	2.652	1	26	0.115
踝围/跟腱长 ×100	2.448	1	26	0.130
（小腿长＋足高）/下肢长 ×100	0.220	1	26	0.643

从表5-4中可以看出，在优秀组和一般组运动员之间，符合t检验条件的身高和呼气胸围两个指标表现为，呼气胸围优秀组大于一般组，且两组间差异显著，具有统计学意义，而身高在两组之间差异很小，这可能是因为在足球运动员的初级选材阶段教练员较为重视守门员的身高指标及遗传因素，因此造成青春期晚期守门员的身高差异较小，然而，运动员的胸围需要经过长期的运动训练或者力量训练才会增加。

表5-4　优秀组与一般组守门员形态指标测试结果比较（1）

测试指标	优秀组	一般组	t值	p值
身高（厘米）	182.7±6.5	182.6±3.6	0.022	$p>0.05$
呼气胸围（厘米）	85.5±4.8	82.2±3.4	2.061	$p<0.05$

在上文选材指标体系确定的步骤中已经提到本研究对于不符合t检验条件的指标数据，使用Spss中的非参数检验对两组运动员数据进行统计分析。表5-5、表5-6、表5-7为守门员形态指标的非参数检验结果，使

用两个独立样本的Mann–Whitney U 检验法。

表5–5　检验统计a

—	体重	平静胸围	吸气胸围	下肢长	小腿长+足高	大腿围	跟腱长	踝围	手长
Mann–Whitney U	42.000	48.000	53.000	69.000	66.000	46.000	80.000	80.000	79.000
Wilcoxon W	162.000	168.000	173.000	160.000	157.000	166.000	171.000	200.000	199.000
*z*值	−2.568	−2.288	−2.057	−1.316	−1.455	−2.378	−0.808	−0.812	−0.855
渐近显著性（双尾）	0.010	0.022	0.040	0.188	0.146	0.017	0.419	0.417	0.393
精确显著性[2*（单尾显著性）]	0.010b	0.022b	0.041b	0.201b	0.156b	0.017b	0.440b	0.440b	0.413b

表5–6　检验统计a

—	指距	指距–身高	胸围/身高	下肢长/身高	克托莱指数	踝围/跟腱长	（小腿长+足高）/下肢长×100
Mann–Whitney U	95.000	68.000	3.000	71.000	49.000	83.000	82.000
Wilcoxon W	215.000	159.000	123.000	162.000	169.000	203.000	202.000
*z*值	−0.115	−1.362	−4.363	−1.224	−2.244	−0.670	−0.716
渐近显著性（双尾）	0.908	0.173	0.000	0.221	0.025	0.503	0.474
精确显著性[2*（单尾显著性）]	0.928b	0.185b	0.000b	0.235b	0.025b	0.525b	0.496b

从表5–7中可以看出，在Mann–Whitney U检验中不同组别的守门员

之间在体重、平静胸围、吸气胸围、大腿围、克托莱指数、胸围/身高×100等实测指标及派生指标上具有显著性差异，且均表现为优秀组大于一般组。而在手长、指距等指标上两组之间不存在显著性差异，一般组运动员的个别指标甚至高于优秀组运动员，比如指距。结合表5-7发现，优秀组和一般组之间具有显著性差异的指标或派生指标均为受运动训练影响较大的后天可塑性较强的因素，这也符合运动选材理论中提到的中级选材应侧重考察运动员的先天遗传和后天训练两方面指标的观点。

表5-7　优秀组与一般组守门员形态指标测试结果比较（2）

测试指标	优秀组	一般组	z值	p值（双侧）
体重（千克）	71.2±6.2	65.6±4.1	−2.568	$p<0.01$
平静胸围（厘米）	89.4±4.4	84.7±3.5	−2.288	$p<0.05$
吸气胸围（厘米）	93.2±4.2	89.8±3.3	−2.057	$p<0.05$
下肢长（厘米）	91.3±3.4	92.9±3.5	−1.316	$p>0.05$
小腿长+足高（厘米）	47.5±2.0	48.2±2.6	−1.455	$p>0.05$
大腿围（厘米）	57.0±2.6	54.0±3.4	−2.378	$p<0.05$
跟腱长（厘米）	29.3±5.9	29.0±1.8	−0.808	$p>0.05$
踝围（厘米）	22.6±1.0	22.2±0.6	−0.812	$p>0.05$
克托莱指数	389.9±31.1	359.3±24.8	−2.244	$p<0.05$
胸围/身高×100	51.0±1.8	46.4±2.3	−4.363	$p<0.01$
下肢长/身高×100	50.0±1.1	50.9±1.1	−1.224	$p>0.05$
踝围/跟腱长×100	79.8±15.5	76.7±3.6	−0.670	$p>0.05$
（小腿长+足高）/下肢长×100	52.1±1.5	51.8±1.5	−0.716	$p>0.05$
指距（厘米）	183.7±6.5	184.3±6.0	−0.115	$p>0.05$
手长（厘米）	18.7±0.9	18.4±0.6	−0.855	$p>0.05$
指距−身高（厘米）	1.0±5.4	1.7±3.2	−1.362	$p>0.05$

（三）后卫球员优秀组与一般组形态特征的分析

由表5–8、表5–9可见，后卫球员的体重、平静胸围、吸气胸围、呼气胸围、下肢长、踝围、小腿长＋足高、大腿围、克托莱指数、胸围/身高、下肢长/身高、踝围/跟腱长等数据均服从正态分布，同时方差齐性，故对两组之间的测试结果采用t检验，而身高、（小腿长＋足高）/下肢长 ×100、跟腱长不满足t检验的条件，故采用非参数检验中的Mann–Whitney U检验。表中，1代表优秀组，2代表一般组，下同。

表5–8 后卫球员形态指标正态性检验

—	组别	Shapiro–Wilk		
		统计	df	显著性
身高	1	0.944	25	0.184
	2	0.941	38	0.046
体重	1	0.970	25	0.656
	2	0.965	38	0.281
平静胸围	1	0.983	25	0.932
	2	0.971	38	0.416
吸气胸围	1	0.979	25	0.859
	2	0.958	38	0.169
呼气胸围	1	0.990	25	0.995
	2	0.969	38	0.378
下肢长	1	0.928	25	0.077
	2	0.972	38	0.459
踝围	1	0.967	25	0.574
	2	0.966	38	0.292
小腿长＋足高	1	0.976	25	0.803
	2	0.975	38	0.556

续表

—	组别	Shapiro–Wilk		
		统计	df	显著性
大腿围	1	0.970	25	0.649
	2	0.957	38	0.152
跟腱长	1	0.900	25	0.019
	2	0.960	38	0.189
克托莱指数	1	0.958	25	0.377
	2	0.977	38	0.621
胸围/身高 ×100	1	0.983	25	0.930
	2	0.954	38	0.122
下肢长/身高 ×100	1	0.961	25	0.427
	2	0.983	38	0.819
踝围/跟腱长 ×100	1	0.979	25	0.871
	2	0.970	38	0.383
（小腿长＋足高）/下肢长 ×100	1	0.930	25	0.086
	2	0.966	38	0.290

表5–9 方差齐性检验

—	Levene 统计	df1	df2	显著性
身高	0.500	1	61	0.482
体重	1.967	1	61	0.166
平静胸围	0.571	1	61	0.453
吸气胸围	1.306	1	61	0.258
呼气胸围	0.354	1	61	0.554
下肢长	1.166	1	61	0.285

续表

—	Levene 统计	df1	df2	显著性
踝围	0.224	1	61	0.638
小腿长＋足高	0.077	1	61	0.783
大腿围	1.641	1	61	0.205
跟腱长	1.951	1	61	0.168
胸围/身高 ×100	0.030	1	61	0.863
下肢长/身高 ×100	2.338	1	61	0.131
踝围/跟腱长 ×100	1.778	1	61	0.187
（小腿＋足高）/下肢长 ×100	8.623	1	61	0.005
克托莱指数	3.861	1	61	0.054

由表5–10相关指标测试结果的t检验可见，后卫球员的体重、平静胸围、吸气胸围、呼气胸围、下肢长、踝围、大腿围、克托莱指数等实测指标及派生指标在优秀组与一般组之间存在显著性差异，该些指标均表现为优秀组高于一般组。

表5–10　优秀组与一般组后卫球员形态指标测试结果比较

测试指标	优秀组	一般组	t值	p值
体重（千克）	68.0±5.5	63.2±6.8	2.960	$p<0.01$
平静胸围（厘米）	87.3±4.6	84.7±4.8	2.110	$p<0.05$
吸气胸围（厘米）	91.4±4.0	88.6±4.6	2.440	$p<0.05$
呼气胸围（厘米）	84.8±4.3	82.5±4.7	1.930	$p>0.05$
下肢长（厘米）	90.9±4.3	88.7±3.6	2.163	$p<0.05$
踝围（厘米）	22.9±1.3	21.9±1.3	2.986	$p<0.01$
小腿长＋足高（厘米）	46.7±1.9	46.2±1.9	0.893	$p>0.05$
大腿围（厘米）	56.2±3.1	54.1±3.9	2.271	$p<0.05$

续表

测试指标	优秀组	一般组	t值	p值
克托莱指数	378.1±23.4	358.8±34.0	2.479	$p<0.05$
胸围/身高 ×100	48.6±2.9	48.1±2.7	0.632	$p>0.05$
下肢长/身高 ×100	50.5±1.5	50.4±1.1	0.488	$p>0.05$
踝围/跟腱长 ×100	84.7±6.5	83.9±8.8	0.344	$p>0.05$

对不能进行独立样本t检验的三项指标进行非参数检验，表5-11、表5-12中可见两组后卫球员身高、(小腿长+足高)/下肢长、跟腱长三项指标的Mann-Whitney U统计值、Wilcoxon W统计值和z统计值显著性检验的结果，两组显著性结果的p值身高小于0.05，表明身高的实测结果两组间具有显著性差异，优秀组明显高于一般组，其他两项均大于0.05，说明该两项实测结果之间没有显著性差异，具有一致性。

表5-11　检验统计a

—	身高	(小腿长+足高)/下肢长	跟腱长
Mann-Whitney U	271.500	366.000	389.500
Wilcoxon W	1012.500	691.000	1130.500
z值	-2.862	-1.532	-1.202
渐近显著性(双尾)	0.004	0.126	0.230

表5-12　优秀组与一般组后卫球员形态指标测试结果比较

测试指标	优秀组	一般组	z值	p(双侧)
身高(厘米)	179.8±5.7	176.1±5.0	-2.862	$p<0.01$
(小腿长+足高)/下肢长 ×100	51.4±1.9	52.1±1.3	-1.532	$p>0.05$
跟腱长(厘米)	27.2±1.9	26.4±2.5	-1.202	$p>0.05$

优秀组和一般组后卫球员之间具有显著性差异的指标主要反映运动员身体强壮程度，而反映长度指标方面仅仅在身高、下肢长两个指标上表现出显著性差异。分析其原因，足球运动为同场对抗性项目，位置的特殊性、对于时间和空间的激烈争夺要求运动员具备较强的身体对抗能力，尤其是中后卫球员的空中争顶需要建立在强壮的体格基础之上，某些围度指标在一定程度上反映出身体的充实度，如胸围、大腿围等，较大的围度在一定范围内代表肌纤维的功能性肥大①，既包括非收缩蛋白成分增加所致的肌肉体积增加，同时也包括收缩蛋白含量增多，从而导致绝对肌力和相对肌力显著提高；作为防守最为重要的一环，后卫球员合适的身高和下肢长可以有效地增大防守面积，有利于在1v1防守、区域和区域盯人混合防守定位球时占得优势，下肢长这一指标反映大腿摆动起来的最高点，在一定程度上可以表现出下肢的运动幅度。

（四）中场球员优秀组与一般组形态特征的分析

表5-13、表5-14分别为中场球员形态指标及派生指标等15项的实测结果的正态性检验和方差齐性检验，综合上述两项检验结果得知中场球员所有实测指标测试结果中只有小腿长加足高这一项符合独立样本*t*检验的条件，其余14项指标测试结果均采用Mann-Whitney U检验方法以检验优秀组和一般组之间是否存在显著性差异。

表5-13　中场球员形态指标正态性检验

—	组别	Shapiro-Wilk		
		统计	df	显著性
身高	1	0.972	25	0.709
	2	0.912	34	0.010
体重	1	0.961	25	0.442

① 王瑞元. 运动生理学[M]. 北京：人民体育出版社，2002：48.

续表

一	组别	Shapiro–Wilk		
		统计	df	显著性
体重	2	0.715	34	0.000
平静胸围	1	0.959	25	0.404
	2	0.821	34	0.000
吸气胸围	1	0.948	25	0.221
	2	0.827	34	0.000
呼气胸围	1	0.970	25	0.647
	2	0.740	34	0.000
下肢长	1	0.973	25	0.724
	2	0.925	34	0.022
踝围	1	0.959	25	0.395
	2	0.891	34	0.003
小腿长＋足高	1	0.952	25	0.273
	2	0.959	34	0.230
大腿围	1	0.954	25	0.311
	2	0.844	34	0.000
跟腱长	1	0.853	25	0.002
	2	0.966	34	0.360
克托莱指数	1	0.963	25	0.478
	2	0.668	34	0.000
胸围/身高 ×100	1	0.917	25	0.044
	2	0.817	34	0.000
下肢长/身高 ×100	1	0.964	25	0.494
	2	0.895	34	0.003
踝围/跟腱长 ×100	1	0.922	25	0.056

续表

—	组别	Shapiro–Wilk		
		统计	df	显著性
踝围/跟腱长 ×100	2	0.932	34	0.037
（小腿长＋足高）/下肢长 ×100	1	0.932	25	0.094
	2	0.611	34	0.000

表5–14　方差齐性检验

—	Levene 统计	df1	df2	显著性
身高	0.903	1	57	0.346
体重	1.380	1	57	0.245
平静胸围	0.030	1	57	0.864
吸气胸围	1.266	1	57	0.265
呼气胸围	0.174	1	57	0.678
下肢长	0.133	1	57	0.716
踝围	7.982	1	57	0.007
小腿长＋足高	0.202	1	57	0.655
大腿围	0.188	1	57	0.667
跟腱长	0.210	1	57	0.649
克托莱指数	1.155	1	57	0.287
胸围/身高 ×100	0.018	1	57	0.894
下肢长/身高 ×100	0.287	1	57	0.594
踝围/跟腱长 ×100	5.257	1	57	0.026
（小腿长＋足高）/下肢长 ×100	0.803	1	57	0.374

由表5–15可以看出，在小腿长＋足高该形态指标上，不同竞技能力的优秀组和一般组的中场球员之间无显著性差异。

表5-15　优秀组与一般组中场球员形态指标测试结果比较（1）

测试指标	优秀组	一般组	t值	p值
小腿长＋足高（厘米）	45.9±2.2	45.1±2.7	1.290	$p>0.05$

表5-16、5-17、5-18为中场球员反映形态特征的14项指标的测试结果及两组不同水平运动员之间测试结果的非参数检验分析结果，从中可以看出，不同竞技能力的两组中场球员在形态方面，优秀组测试结果高于一般组的指标为：小腿长＋足高、身高、体重、平静胸围、吸气胸围、呼气胸围、下肢长、大腿围、跟腱长、克托莱指数、胸围/身高 ×100、下肢长/身高 ×100，但是仅仅在身高、体重、平静胸围、吸气胸围、呼气胸围上，两组运动员之间差异显著；优秀组测试结果低于一般组的指标为踝围/跟腱长 ×100、（小腿＋足高）/下肢长 ×100，前者亦表现出显著性差异。

表5-16　检验统计a

—	身高	体重	平静胸围	吸气胸围	呼气胸围	下肢长	踝围	大腿围
Mann–Whitney U	282.500	266.500	263.000	258.500	261.500	310.000	363.000	363.500
Wilcoxon W	877.500	861.500	858.000	853.500	856.500	905.000	688.000	958.500
z值	–2.189	–2.432	–2.486	–2.555	–2.509	–1.764	–0.952	–0.944
渐近显著性（双尾）	0.029	0.015	0.013	0.011	0.012	0.078	0.341	0.345

表5-17　检验统计a

—	跟腱长	克托莱指数	胸围/身高	下肢长/身高	踝围/跟腱长	（小腿长＋足高）/下肢长
Mann–Whitney U	300.000	308.000	362.500	369.000	265.000	404.500

续表

—	跟腱长	克托莱指数	胸围/身高	下肢长/身高	踝围/跟腱长	（小腿长+足高）/下肢长
Wilcoxon W	895.000	903.000	957.500	964.000	590.000	999.500
z值	−1.918	−1.795	−0.959	−0.859	−2.455	−0.314
渐近显著性（双尾）	0.055	0.073	0.338	0.390	0.014	0.753

表5–18　优秀组与一般组中场球员形态指标测试结果比较（2）

测试指标	优秀组	一般组	z值	p（双侧）
身高（厘米）	176.0±4.9	172.4±6.5	−2.189	$p<0.05$
体重（千克）	64.4±4.4	61.6±9.4	−2.432	$p<0.05$
平静胸围（厘米）	85.5±4.0	83.1±5.3	−2.486	$p<0.05$
吸气胸围（厘米）	89.6±3.6	87.3±5.7	−2.555	$p<0.05$
呼气胸围（厘米）	83.1±3.7	81.1±5.3	−2.509	$p<0.05$
下肢长（厘米）	88.1±4.4	85.4±5.1	−1.764	$p>0.05$
踝围（厘米）	21.7±0.7	22.2±2.0	−0.952	$p>0.05$
大腿围（厘米）	55.1±3.6	54.3±5.0	−0.944	$p>0.05$
跟腱长（厘米）	27.2±3.5	25.4±2.6	−1.918	$p>0.05$
克托莱指数	365.8±21.6	356.7±48.3	−1.795	$p>0.05$
胸围/身高×100	48.6±2.3	48.3±2.9	−0.959	$p>0.05$
下肢长/身高×100	50.0±1.8	49.5±1.6	−0.859	$p>0.05$
踝围/跟腱长×100	80.5±7.8	88.4±12.4	−2.455	$p<0.05$
（小腿长+足高）/下肢长×100	52.2±1.7	52.8±3.2	−0.314	0.05

（五）前锋球员优秀组与一般组形态特征的分析

由表5–19、表5–20可见，优秀组和一般组的前锋球员的下肢长、踝围、大腿围、跟腱长、胸围/身高×100、下肢长/身高×100实测指标结果在Shapiro-Wilk统计下显著性p值均大于0.05，所以呈正态分布，方差齐性检验中显著性p值均大于0.05，故方差齐，因此，进一步采用参数检验（t检验）进行显著性差异分析，其余的9项指标结果采用非参数检验方法。

表5-19　前锋球员形态指标正态性检验

—	组别	Shapiro-Wilk		
		统计	df	显著性
身高	1	0.858	17	0.014
	2	0.903	19	0.055
体重	1	0.966	17	0.750
	2	0.917	19	0.100
平静胸围	1	0.877	17	0.028
	2	0.955	19	0.478
吸气胸围	1	0.878	17	0.029
	2	0.950	19	0.389
呼气胸围	1	0.842	17	0.008
	2	0.923	19	0.127
下肢长	1	0.905	17	0.084
	2	0.924	19	0.137
踝围	1	0.962	17	0.671
	2	0.953	19	0.436
小腿长+足高	1	0.844	17	0.009
	2	0.963	19	0.627
大腿围	1	0.931	17	0.223
	2	0.930	19	0.172

续表

—	组别	Shapiro-Wilk		
		统计	df	显著性
跟腱长	1	0.948	17	0.422
	2	0.910	19	0.075
克托莱指数	1	0.963	17	0.681
	2	0.945	19	0.323
胸围/身高 ×100	1	0.910	17	0.102
	2	0.902	19	0.053
下肢长/身高 ×100	1	0.917	17	0.129
	2	0.970	19	0.784
踝围/跟腱长 ×100	1	0.961	17	0.651
	2	0.869	19	0.014
（小腿长+足高）/下肢长 ×100	1	0.956	17	0.566
	2	0.935	19	0.210

表5-20　方差齐性检验

—	Levene 统计	df1	df2	显著性
身高	0.893	1	34	0.351
体重	10.877	1	34	0.002
平静胸围	2.311	1	34	0.138
吸气胸围	11.576	1	34	0.002
呼气胸围	1.674	1	34	0.204
下肢长	0.219	1	34	0.642
踝围	0.067	1	34	0.797
小腿长+足高	1.251	1	34	0.271
大腿围	3.605	1	34	0.066

续表

—	Levene 统计	df1	df2	显著性
跟腱长	3.905	1	34	0.056
克托莱指数	5.095	1	34	0.031
胸围/身高 ×100	0.149	1	34	0.702
下肢长/身高 ×100	2.057	1	34	0.161
踝围/跟腱长 ×100	1.617	1	34	0.212
（小腿长+足高）/下肢长 ×100	5.667	1	34	0.023

从表5–21中可以看出：在独立样本t检验分析的结果中，在下肢长、跟腱长、胸围/身高 ×100、下肢长/身高 ×100几项指标上，表现为优秀组好于一般组，并且两组前锋队员之间在跟腱长指标上差异显著；在踝围指标上，表现为一般组好于优秀组，但是两组运动员之间差异不显著。

表5–21　优秀组与一般组前锋球员形态指标测试结果比较（1）

测试指标	优秀组	一般组	t值	p值
下肢长（厘米）	88.0±4.2	86.7±3.7	1.055	$p>0.05$
踝围（厘米）	21.8±1.0	22.1±1.0	−0.836	$p>0.05$
大腿围（厘米）	54.7±2.9	54.7±4.2	−0.002	$p>0.05$
跟腱长（厘米）	27.7±1.5	26.0±2.5	2.407	$p<0.05$
胸围/身高 ×100	48.6±2.1	48.3±2.1	0.312	$p>0.05$
下肢长/身高 ×100	50.4±1.4	49.8±1.0	1.476	$p>0.05$

从表5–22、表5–23、表5–24可见，在进行非参数检验的测试指标结果中，显著性p值<0.05的指标有平静胸围、吸气胸围、呼气胸围，故在此三个指标上两组运动员之间差异显著，且均表现为优秀组大于一般组。

表 5–22　检验统计 a

—	身高	平静胸围	吸气胸围	呼气胸围	小腿长+足高	踝围/跟腱长
Mann–Whitney U	96.000	48.000	53.000	45.000	66.000	83.000
Wilcoxon W	187.000	168.000	173.000	165.000	157.000	203.000
z 值	–0.069	–2.288	–2.057	–2.424	–1.455	–0.670
渐近显著性（双尾）	0.945	0.022	0.040	0.015	0.146	0.503
精确显著性 [2*（单尾显著性）]	0.964b	0.022b	0.041b	0.015b	0.156b	0.525b

表 5–23　检验统计 a

—	体重	克托莱指数	（小腿长+足高）/下肢长
Mann–Whitney U	137.000	152.000	150.000
Wilcoxon W	290.000	305.000	340.000
z 值	–0.777	–0.301	–0.365
渐近显著性（双尾）	0.437	0.763	0.715
精确显著性 [2*（单尾显著性）]	0.452b	0.778b	0.731b

表 5–24　优秀组与一般组前锋球员形态指标测试结果比较（2）

测试指标	优秀组	一般组	*z* 值	*p*（双侧）
体重（千克）	62.4±2.8	62.4±6.3	–0.777	$p>0.05$
身高（厘米）	174.7±6.1	174.0±6.2	–0.069	$p>0.05$
平静胸围（厘米）	84.8±2.8	84.0±3.4	–2.288	$p<0.05$
吸气胸围（厘米）	88.5±1.8	88.3±3.8	–2.057	$p<0.05$
呼气胸围（厘米）	82.6±2.8	82.0±3.5	–2.424	$p<0.05$
克托莱指数	357.0±14.9	358.3±30.6	–0.301	$p>0.05$

续表

测试指标	优秀组	一般组	z值	p（双侧）
小腿长+足高（厘米）	45.6±2.0	44.8±2.5	-1.455	$p>0.05$
（小腿长+足高）/下肢长×100	51.9±1.1	51.7±1.9	-0.365	$p>0.05$
踝围/跟腱长×100	78.9±6.7	85.6±9.1	-0.670	$p>0.05$

17岁足球运动员在形态指标上呈现出一定的位置特征，主要表现为在形态指标上守门员与其他位置球员之间差异显著，可能是因为现代足球要求除守门员之外的运动员攻防能力的全面性，其他三个位置运动员之间差异性显著的形态指标就相对较少。这也说明在青少年足球运动员初级选材阶段，身体形态指数被教练员作为守门员选材的侧重点之一。

综上，优秀组守门员、后卫球员、中场球员、前锋球员与一般组的四个位置运动员之间具有显著性差异的形态指数指标因位置而异。除中场球员外，各个位置上的球员身高指标的差异并不明显，差异性较为明显的主要为反映身体充实度和强壮程度的指标。因此，身高指标在选材时不应占主要地位，否则，像梅西、马拉多纳等身高较矮的优秀足球运动员便会被埋没，同时，该年龄运动员选材中的形态指标应该根据位置不同而有所侧重，不可一概而论。

通过将两组不同水平运动员形态进行对比，发现不仅实测指标数据存在显著性差异，同时反映人体各部分的比例和相互内在关系的形态指数，如胸围/身高×100也需纳入该年龄段的形态选材指标中，但必须分辨出这些指标是不是越高越好，需要正确区分高优指标与低优指标。

二、身体成分特征

运动员身体中脂肪、水、固体物质等各成分在一定范围内保持相对平衡，不仅可维持机体的正常生命活动和身体健康，同时也是运动员正常参加训练和比赛、取得优异比赛成绩的重要保障，例如，脂肪过多，势必会影响运动员的运动能力和完成技术动作的质量。本研究通过使用Inbody230体成分测试仪获取相关指标数据，继而根据运动员脂肪含量、体重等指标，通过计算以获取两组不同水平青少年足球运动员的各项测试结果。

（一）不同位置球员身体成分的分析

如表5–25所示，由四个位置运动员身体成分测试数据的方差分析结果可见，四个位置的运动员之间，在BMI、脂肪、腰臀百分比三项指标的测试结果上，没有显著性差异，BMI指标显示中场好于前锋好于后卫好于守门员，脂肪含量为中场好于后卫好于前锋好于守门员，腰臀百分比为守门员好于中场好于前锋好于后卫。同时，骨骼肌、瘦体重、体脂率、瘦体重/体重×100四项指标上四个位置运动员之间有显著性差异存在，具体表现在：守门员的骨骼肌重量明显高于其他三个位置的运动员，后卫、中场、前锋三个位置球员之间差异不大；守门员的瘦体重与其他三个位置的运动员之间均具有显著性差异，后卫球员与中场球员和前锋球员之间存在显著性差异，中场和前锋球员之间相差不大，呈现守门员好于后卫好于前锋好于中场；守门员体脂率低于其他三个位置球员，且具有显著性差异，除守门员之外，各个位置球员体脂率差别不大；瘦体重/体重×100指标上也表现出守门员与其他三个位置的运动员之间均具有显著性差异，其他各个位置球员之间差别不大。综合以上结果分析：由于守门员、后卫球员相比其他两个位置的球员体重较大，因而其骨骼肌、瘦体重、瘦体重/体重×100指标也有高于中场和前锋球员的趋势；身材修长且精壮是现代足球运动中优秀守门员的一个共同并被广泛认可的特征，比如切赫、范德萨、德赫亚等，守门员较低的体脂率和较高的肌肉含量有利于提高其判断之后身体快速移动中的步法的灵活性，及扑救球的动作质量。不同位置之间身体成分指标测试结果表现出的差异性同时表明在进行17岁足球运动员选材指标构建时，应该根据位置进行身体成分选材指标的选取。

表5–25　不同位置球员身体成分测试结果比较

测试指标	守门员	后卫	中场	前锋	F值	p值
BMI（千克/平方米）	20.5±1.7a	20.6±1.6a	21.4±5.8a	20.8±2.0a	0.594	$p>0.05$
骨骼肌（千克）	34.4±4.9a	33.0±3.7ab	31.4±3.6b	31.9±2.6b	3.854	$p<0.05$
脂肪（千克）	6.0±2.8a	6.9±2.6a	7.1±3.6a	6.4±2.5a	1.165	$p>0.05$
瘦体重（千克）	62.3±4.9a	58.2±6.0b	55.7±5.8c	56.0±3.9bc	10.538	$p<0.01$
体脂率（百分比）	8.6±3.7b	10.6±3.5a	11.1±4.0a	10.2±3.4ab	2.914	$p<0.05$
瘦体重/体重×100	91.4±3.7a	89.4±3.5b	88.9±4.1b	89.9±3.4ab	2.914	$p<0.05$
腰臀百分比	0.81±0.05a	0.79±0.03b	0.8±0.03ab	0.79±0.02ab	2.280	$p>0.05$

（二）守门员优秀组与一般组身体成分的分析

表5–26、表5–27为两组不同竞技水平的守门员身体成分指标的正态性检验和方差齐性检验结果，从中可以看出，两组实测结果均可进行独立样本t检验的指标有脂肪、体脂率、瘦体重/体重×100三项，其余四项指标均进行非参数检验。

表5–26　守门员身体成分指标正态性检验

—	组别	Shapiro–Wilk		
		统计	df	显著性
BMI	1	0.799	13	0.007
	2	0.890	15	0.068
骨骼肌	1	0.935	13	0.393
	2	0.762	15	0.001

续表

—	组别	Shapiro–Wilk		
		统计	df	显著性
脂肪	1	0.892	13	0.103
	2	0.940	15	0.384
腰臀百分比	1	0.856	13	0.034
	2	0.639	15	0.000
瘦体重	1	0.947	13	0.556
	2	0.852	15	0.018
体脂率	1	0.921	13	0.260
	2	0.935	15	0.324
瘦体重/体重 ×100	1	0.921	13	0.260
	2	0.935	15	0.324

表5–27　方差齐性检验

—	Levene 统计	df1	df2	显著性
BMI	1.773	1	26	0.195
骨骼肌	2.439	1	26	0.130
脂肪	4.096	1	26	0.053
腰臀百分比	11.495	1	26	0.002
瘦体重	2.487	1	26	0.127
体脂率	2.718	1	26	0.111
瘦体重/体重 ×100	2.718	1	26	0.111

从表5–28中可见，脂肪、体脂率、瘦体重/体重 ×100三项指标在两组不同竞技水平的守门员之间均存在显著性差异，脂肪和体脂率指标均为

优秀组高于一般组；瘦体重/体重 ×100指标优秀组低于一般组。

表5-28 优秀组与一般组守门员身体成分测试结果比较（1）

测试指标	优秀组	一般组	t值	p值
脂肪（千克）	7.3±3.0	4.8±2.0	2.655	$p<0.05$
体脂率（百分比）	10.3±4.1	7.2±2.8	2.324	$p<0.05$
瘦体重/体重 ×100	89.7±4.1	92.8±2.8	-2.324	$p<0.05$

由表5-29、表5-30非参数检验的结果可知，两组不同竞技能力水平的运动员之间在BMI指标上优秀组好于一般组，且差异非常显著，其他三项指标在两组运动员之间差异性无统计学意义。

表5-29 检验统计a

—	BMI	骨骼肌	腰臀百分比	瘦体重
Mann-Whitney U	27.000	59.000	65.500	57.000
Wilcoxon W	147.000	179.000	185.500	189.000
z值	-3.255	-1.781	-1.510	-1.316
渐近显著性（双尾）	0.001	0.075	0.131	0.188
精确显著性 [2*（单尾显著性）]	0.001b	0.080b	0.142b	0.201b

表5-30 优秀组与一般组守门员身体成分测试结果比较（2）

测试指标	优秀组	一般组	z值	p值
BMI（千克/平方米）	21.5±1.2	19.7±1.5	-3.255	$p<0.01$
骨骼肌（千克）	36.1±3.1	32.2±5.5	-1.781	$p>0.05$
瘦体重	63.9±6.1	60.8±3.2	-1.316	$p>0.05$
腰臀百分比	0.80±0.15	0.82±0.07	-1.510	$p>0.05$

（三）后卫球员优秀组与一般组身体成分的分析

表5–31、表5–32为两组不同竞技能力的后卫球员身体成分指标结果的正态性分布和方差齐性检验结果，样本量处在3～50，采用Shapiro–Wilk检验，发现体脂率、瘦体重/体重×100服从正态分布，同时两组方差齐，故采用检验以判断在两项指标上两组运动员是否存在显著性差异，其余五项指标采用Mann–Whitney U检验，检验结果见表5–33。

表5–31　后卫球员身体成分指标正态性检验

—	组别	Shapiro–Wilk		
		统计	df	显著性
BMI	1	0.954	25	0.301
	2	0.984	38	0.838
骨骼肌	1	0.902	25	0.020
	2	0.975	38	0.556
脂肪	1	0.970	25	0.644
	2	0.910	38	0.005
腰臀百分比	1	0.922	25	0.058
	2	0.731	38	0.000
瘦体重	1	0.908	25	0.028
	2	0.975	38	0.543
体脂率	1	0.975	25	0.778
	2	0.958	38	0.160
瘦体重/体重×100	1	0.975	25	0.778
	2	0.958	38	0.160

表5–32　方差齐性检验

—	Levene 统计	df1	df2	显著性
BMI	5.094	1	61	0.028
骨骼肌	2.423	1	61	0.125
脂肪	0.535	1	61	0.467
腰臀百分比	2.155	1	61	0.147
瘦体重	1.650	1	61	0.204
体脂率	1.140	1	61	0.290
瘦体重/体重 ×100	1.140	1	61	0.290

从表5–33、表5–34、表5–35可以看出，优秀组后卫球员的体脂率比一般组运动员低，瘦体重/身高 ×100高于一般组运动员，但两组运动员在此两项指标上均没有显著性差异；优秀组后卫球员的骨骼肌质量高于一般组，瘦体重也表现出同样的趋势，且两组运动员在此两项指标上均存在显著性差异，其他指标之间差异不大。

表5–33　优秀组与一般组后卫球员身体成分测试结果比较（1）

测试指标	优秀组	一般组	t值	p值
体脂率（百分比）	9.7±2.9	11.1±3.8	–1.607	$p>0.05$
瘦体重/体重 ×100	90.3±2.9	88.9±3.8	1.607	$p>0.05$

表5–34　检验统计a

—	骨骼肌	脂肪	腰臀百分比	BMI	瘦体重
Mann–Whitney U	246.000	439.000	415.000	345.000	246.000
Wilcoxon W	987.000	764.000	1156.000	1086.000	987.000
z值	–3.218	–0.506	–0.855	–1.828	–3.218
渐近显著性（双尾）	0.001	0.613	0.393	0.068	0.001

表5–35　优秀组与一般组后卫身体成分测试结果比较（2）

测试指标	优秀组	一般组	z值	p（双侧）
BMI（千克/平方米）	21.0±1.6	20.4±1.8	–1.828	$p>0.05$
骨骼肌（千克）	34.9±2.9	31.8±3.7	–3.218	$p<0.01$
脂肪（千克）	6.6±2.2	7.1±2.9	–0.506	$p>0.05$
瘦体重（千克）	61.4±4.8	56.1±5.9	–3.218	$p<0.01$
腰臀百分比	0.80±0.02	0.79±0.04	–0.855	$p>0.05$

（四）中场球员优秀组与一般组身体成分的分析

表5–36、表5–37为两组不同竞技能力的中场球员身体成分指标结果的正态性分布和方差齐性检验结果，样本量处在3～50，采用Shapiro–Wilk检验正态分布，发现所有身体成分结果均不服从正态分布，故对所有指标采用Mann–Whitney U检验以判断在两项指标上两组运动员是否存在显著性差异，检验结果见表5–38。

表5–36　中场球员身体成分指标正态性检验

—	组别	Kolmogorov–Smirnov（K）a			Shapiro–Wilk		
		统计	df	显著性	统计	df	显著性
BMI	1	0.109	25	0.200	0.958	25	0.376
	2	0.382	34	0.000	0.405	34	0.000
骨骼肌	1	0.124	25	0.200	0.974	25	0.755
	2	0.119	34	0.200	0.911	34	0.009
脂肪	1	0.084	25	0.200	0.960	25	0.418
	2	0.206	34	0.001	0.656	34	0.000
腰臀百分比	1	0.131	25	0.200	0.953	25	0.292
	2	0.211	34	0.001	0.824	34	0.000

续表

—	组别	Kolmogorov–Smirnov（K）a			Shapiro–Wilk		
		统计	df	显著性	统计	df	显著性
瘦体重	1	0.100	25	0.200	0.973	25	0.720
	2	0.126	34	0.189	0.915	34	0.012
体脂率	1	0.115	25	0.200	0.947	25	0.209
	2	0.150	34	0.051	0.911	34	0.009
瘦体重/体重×100	1	0.115	25	0.200	0.947	25	0.209
	2	0.150	34	0.051	0.911	34	0.009

表5–37　方差齐性检验

—	Levene 统计	df1	df2	显著性
BMI	2.399	1	57	0.127
骨骼肌	5.276	1	57	0.025
脂肪	0.643	1	57	0.426
腰臀百分比	0.031	1	57	0.862
瘦体重	6.278	1	57	0.015
体脂率	1.871	1	57	0.177
瘦体重/体重×100	1.871	1	57	0.177

表5–38　检验统计a

—	BMI	骨骼肌	脂肪	腰臀百分比	瘦体重	体脂率	瘦体重/体重×100
Mann–Whitney U	350.500	252.000	422.000	402.500	262.000	390.000	390.000
Wilcoxon W	945.500	847.000	1017.000	997.500	857.000	715.000	985.000
*z*值	–1.143	–2.655	–0.046	–0.349	–2.501	–0.537	–0.537
渐近显著性（双尾）	0.253	0.008	0.963	0.727	0.012	0.591	0.591

从表5–38、表5–39可以看出，两组不同竞技能力的中场球员在身体成分方面，仅仅在骨骼肌、瘦体重指标上表现为优秀组好于一般组，且优秀组和一般组后卫球员之间存在显著性差异；其他身体成分指标两两比较之后均未存在显著性差异。

表5–39　优秀组与一般组中场球员身体成分测试结果比较

测试指标	优秀组	一般组	z值	p（双侧）
BMI（千克/平方米）	20.8±1.3	21.8±7.5	–1.143	$p>0.05$
骨骼肌（千克）	32.7±2.4	30.5±4.0	–2.655	$p<0.01$
脂肪含量（千克）	6.8±2.3	7.3±4.4	–0.046	$p>0.05$
瘦体重（千克）	57.6±3.7	54.3±6.7	–2.501	$p<0.05$
体脂率（百分比）	10.5±3.2	11.6±4.7	–0.537	$p>0.05$
瘦体重/体重×100	89.5±3.2	88.4±4.7	–0.537	$p>0.05$
腰臀百分比	0.80±0.02	0.80±0.03	–0.349	0.05

（五）前锋球员优秀组与一般组身体成分的分析

表5–40、表5–41为两组不同竞技能力的前锋球员身体成分指标结果的正态性分布和方差齐性检验结果，样本量处在3～50，采用Shapiro–Wilk检验正态分布，发现所有身体成分结果均不服从正态分布，故对所有指标采用Mann–Whitney U检验以判断在两项指标上两组运动员是否存在显著性差异，检验结果见表5–42。

表5–40　前锋球员身体成分指标正态性检验

—	组别	Shapiro–Wilk		
		统计	df	显著性
BMI	1	0.706	17	0.000

续表

—	组别	Shapiro–Wilk		
		统计	df	显著性
BMI	2	0.946	19	0.343
骨骼肌	1	0.932	17	0.236
	2	0.944	19	0.313
脂肪	1	0.932	17	0.236
	2	0.935	19	0.217
腰臀百分比	1	0.889	17	0.044
	2	0.915	19	0.092
瘦体重	1	0.920	17	0.147
	2	0.915	19	0.093
体脂率	1	0.958	17	0.586
	2	0.956	19	0.497
瘦体重/体重 ×100	1	0.958	17	0.586
	2	0.956	19	0.497

表5–41　方差齐性检验

—	Levene 统计	df1	df2	显著性
BMI	0.032	1	34	0.860
骨骼肌	7.978	1	34	0.008
脂肪	5.483	1	34	0.025
腰臀百分比	5.224	1	34	0.029
瘦体重	11.034	1	34	0.002
体脂率	5.122	1	34	0.030
瘦体重/体重 ×100	5.122	1	34	0.030

由表5-42、表5-43可见，与其他三个位置不同，两组不同竞技水平的前锋球员之间在所有进行身体成分测试的指标上都相差不大，且均无显著性差异。

表5-42　检验统计a

—	BMI	骨骼肌	脂肪	腰臀百分比	瘦体重	体脂率	瘦体重/体重 ×100
Mann-Whitney U	151.500	151.000	108.000	153.000	140.500	104.500	104.500
Wilcoxon W	341.500	341.000	261.000	343.000	330.500	257.500	294.500
z值	−0.317	−0.333	−1.696	−0.274	−0.667	−1.807	−1.807
渐近显著性（双尾）	0.751	0.739	0.090	0.784	0.505	0.071	0.071
精确显著性[2*（单尾显著性）]	0.754b	0.754b	0.093b	0.802b	0.510b	0.071b	0.071b

表5-43　优秀组与一般组前锋球员身体成分测试结果比较

测试指标	优秀组	一般组	z值	p（双侧）
BMI（千克/平方米）	21.0±2.5	20.7±1.6	−0.317	$p>0.05$
骨骼肌（千克）	32.3±1.7	31.6±3.2	−0.333	$p>0.05$
脂肪（千克）	5.6±1.4	7.1±2.9	−1.696	$p>0.05$
腰臀百分比	0.80±0.01	0.80±0.03	−0.274	$p>0.05$
瘦体重（千克）	56.8±2.6	55.3±4.9	−0.667	$p>0.05$
体脂率（百分比）	8.9±2.2	11.3±3.9	−1.807	$p>0.05$
瘦体重/体重 ×100	91.1±2.2	88.7±3.9	−1.807	$p>0.05$

不同位置上优秀组和一般组球员在身体成分方面存在显著性差异的指标有所不同，这主要是运动员位置特征和要求的不同所造成的，该年龄段的选材中的身体成分指标应该根据位置不同而有所侧重，不可一概而论。

骨骼肌和瘦体重质量是目前影响该年龄中场和后卫球员竞技水平的众多因素之一，可以作为评价两个位置运动员身体成分的指标；守门员位置选材时应该把重心放在脂肪、体脂率、瘦体重/体重 ×100、BMI几个身体成分指标上。

脂肪是人体维持正常生理活动、保持良好的机能状况所必需的物质，但对于提高运动成绩来讲，其重要性低于瘦体重[①]，体脂百分比保持在合理范围之内有利于运动能力的发挥和提高。我国目前缺少对身体成分评价的统一标准，因此需借鉴同为亚洲国家的日本学者的研究，即男子运动员的体脂百分比适宜范围为5%～10%，本研究中两组守门员的体脂百分比均在此范围内。可能由于守门员位置的特殊性，需要经常做各种难度较大的扑救球动作，如腾空之后落地，适当范围内的脂肪含量越高，对于守门员机体的内脏等器官越会起到一定的保护作用，最终出现优秀组守门员脂肪含量和体脂百分比高于一般组运动员的现象。因此，足球运动员选材时应将主观经验和实际科学测试结合起来，以寻找客观的指标和规律。

通过对我国17岁年龄段各个位置优秀足球运动员竞技能力中体能的组成部分身体成分（包含在身体形态中）的测试和统计分析，找到各位置优秀运动员身体成分各项指标的特点及优秀标准的范围，可为今后的运动员现实状态诊断和运动训练等提供客观的科学依据。

三、机能特征

身体机能是指人的整体及其组成的各系统、器官所表现出来的生命活动[②]，本研究通过测量相关的机能指标，找出优秀组与一般组足球运动员之间具有显著差异的指标，借此对所获得的各个位置运动员的实测结果进行客观的评定和分析。

① 赵秋蓉. 体育测量评价[M]. 北京：人民体育出版社，1995：102.

② 赵秋蓉. 体育测量评价[M]. 北京：人民体育出版社，1995：121.

（一）不同位置球员机能特征的分析

由表5-44四个位置运动员身体机能测试数据的方差分析结果可以看出，各个位置上的运动员在机能特征方面的差异主要表现在呼吸胸围差和上方视野两项指标上，在呼吸胸围差指标上表现为守门员大于其他三个位置运动员，且具有显著性差异，在上方视野指标上表现为守门员大于其他三个位置运动员，但是差异未见存在显著性。不同位置之间身体机能指标测试结果表现出的差异性表明在进行17岁足球运动员选材指标构建时，应该根据位置进行身体成分选材指标的有效甄别。

表5-44　不同位置之间机能指标的比较

测试指标	守门员	后卫	中场	前锋	F值	*p*值
肺活量（毫升）	4592.1±832.7a	4630.7±775.4a	4465.0±660.1a	4344.2±611.1a	1.439	$p>0.05$
肺活量/体重	25.2±4.5a	26.1±4.2a	25.6±3.4a	24.9±3.1a	0.866	$p>0.05$
最大通气量（升）	120.1±25.1a	122.4±26.1a	120.8±24.0a	122.0±21.5a	0.080	$p>0.05$
最大通气量/体重	0.66±0.13a	0.69±0.15a	0.69±0.13a	0.70±0.12a	0.554	$p>0.05$
呼吸胸围差（厘米）	7.6±4.1a	6.3±1.8b	6.3±1.8b	6.2±2.0b	2.801	$p<0.05$
冠状面视野（度）	156.8±17.4a	159.1±15.3a	156.6±16.9a	156.2±16.2a	0.356	$p>0.05$
上方视野（度）	52.0±7.0a	46.2±7.3b	47.9±7.6b	47.0±8.1b	4.057	$p<0.05$
下方视野（度）	71.3±9.1a	67.6±7.3b	66.5±8.9b	67.4±8.4b	2.218	$p>0.05$

（二）守门员优秀组与一般组机能特征的分析

表5–45、表5–46为两组不同竞技能力的守门员机能指标结果的正态性分布和方差齐性检验结果，样本量处在3～50，采用Shapiro–Wilk检验正态分布，发现肺活量、肺活量/体重、最大通气量/体重满足t检验的条件，故采用t检验方法对两组运动员进行显著性检验。其余机能指标采用Mann–Whitney U检验以判断两组运动员是否存在显著性差异，检验结果见表5–48。

表5–45　守门员机能特征指标正态性检验

—	组别	Shapiro–Wilk		
		统计	df	显著性
肺活量	1	0.885	13	0.083
	2	0.898	15	0.089
肺活量/体重	1	0.889	13	0.094
	2	0.926	15	0.237
最大通气量	1	0.847	13	0.026
	2	0.916	15	0.170
最大通气量/体重	1	0.930	13	0.336
	2	0.879	15	0.046
呼吸胸围差	1	0.458	13	0.000
	2	0.957	15	0.639
冠状面视野	1	0.860	13	0.038
	2	0.824	15	0.008
上方视野	1	0.828	13	0.015
	2	0.887	15	0.060
下方视野	1	0.926	13	0.300
	2	0.838	15	0.012

表5–46　方差齐性检验

—	Levene 统计	df1	df2	显著性
肺活量	4.012	1	26	0.056
肺活量/体重	3.466	1	26	0.074
最大通气量	6.182	1	26	0.020
最大通气量/体重	0.822	1	26	0.373
呼吸胸围差	0.624	1	26	0.437
冠状面视野	5.651	1	26	0.824
上方视野	1.977	1	26	0.224
下方视野	0.761	1	26	0.761

由表5–47、表5–49可以看出，两组不同竞技能力的守门员在肺活量、肺活量/体重、最大通气量、最大通气量/体重方面表现为优秀组好于一般组，且除了肺活量/体重指标外在优秀组和一般组运动员之间存在显著性差异；其他机能指标两两比较之后在优秀组和一般组守门员之间差异小于0.05水平，故不存在显著性差异。

表5–47　优秀组与一般组守门员机能特征测试结果比较（1）

测试指标	优秀组	一般组	t值	p值
肺活量（毫升）	4932.3±409.8	4297.3±996.4	2.142	$p<0.05$
肺活量/体重	69.6±7.1	65.2±12.7	1.105	$p>0.05$

表5–48　检验统计a

—	最大通气量	最大通气量/体重	呼吸胸围差	冠状面视野	上方视野	下方视野
Mann–Whitney U	46.000	43.500	73.000	77.500	77.000	76.000
Wilcoxon W	166.000	163.500	164.000	168.500	197.000	167.000

续表

—	最大通气量	最大通气量/体重	呼吸胸围差	冠状面视野	上方视野	下方视野
z值	−2.378	−2.494	−1.134	−0.925	−0.948	−0.993
渐近显著性（双尾）	0.017	0.013	0.257	0.355	0.343	0.321
精确显著性[2*（单尾显著性）]	0.017b	0.011b	0.274b	0.363b	0.363b	0.339b

表5–49　优秀组与一般组守门员机能特征测试结果比较（2）

测试指标	优秀组	一般组	z值	p（双侧）
最大通气量（升）	135.4±15.9	106.8±24.3	−2.378	$p<0.05$
最大通气量/体重	1.91±0.23	1.63±0.40	−2.494	$p<0.05$
呼吸胸围差（厘米）	7.7±5.7	7.5±2.3	−1.134	$p>0.05$
冠状面视野（度）	155.7±15.9	157.8±19.1	−0.925	$p>0.05$
上方视野（度）	53.6±9.0	50.7±4.8	−0.948	$p>0.05$
下方视野（度）	68.8±10.0	73.5±7.9	−0.993	$p>0.05$

（三）后卫球员优秀组与一般组机能特征的分析

表5–50、表5–51为两组不同竞技能力的后卫球员机能指标结果的正态性分布和方差齐性检验结果，样本量处在3～50，采用Shapiro–Wilk检验正态分布，可以看出两组不同水平后卫球员的肺活量、最大通气量/体重、下方视野、呼吸胸围差满足t检验的条件，故采用t检验方法对两组运动员进行显著性检验，具体见表5–52。本部分其余机能指标采用Mann–Whitney U检验以判断两组运动员是否存在显著性差异，检验结果见表5–53、表5–54。

表 5-50　后卫球员机能特征指标正态性检验

—	组别	Shapiro-Wilk		
		统计	df	显著性
肺活量	1	0.975	25	0.765
	2	0.965	38	0.279
最大通气量	1	0.979	25	0.857
	2	0.987	38	0.928
肺活量/体重	1	0.964	25	0.502
	2	0.981	38	0.752
最大通气量/体重	1	0.971	25	0.678
	2	0.982	38	0.776
呼吸胸围差	1	0.960	25	0.423
	2	0.962	38	0.217
冠状面视野	1	0.898	25	0.017
	2	0.959	38	0.180
上方视野	1	0.870	25	0.004
	2	0.969	38	0.354
下方视野	1	0.952	25	0.273
	2	0.966	38	0.292

表 5-51　方差齐性检验

—	Levene 统计	df1	df2	显著性
肺活量	1.982	1	61	0.164
最大通气量	0.000	1	61	0.994
肺活量/体重	5.150	1	61	0.027
最大通气量/体重	0.003	1	61	0.959

续表

—	Levene 统计	df1	df2	显著性
呼吸胸围差	0.513	1	61	0.477
冠状面视野	0.049	1	61	0.921
上方视野	0.606	1	61	0.669
下方视野	0.465	1	61	0.358

由表5–52、表5–54可以看出，两组不同竞技能力的后卫球员在肺活量、肺活量/体重、最大通气量、最大通气量/体重，表现为优秀组好于一般组，且优秀组和一般组运动员之间存在显著性差异；其他在优秀组和一般组后卫球员之间差异小于0.05水平，故不存在显著性差异，不同水平的两组后卫球员与守门员存在显著性差异的机能指标较为接近。

表5–52　优秀组与一般组后卫球员机能特征测试结果比较（1）

测试指标	优秀组	一般组	t值	p值
肺活量（毫升）	5041.2±551.8	4362.6±789.0	3.736	$p<0.01$
最大通气量/体重	2.01±0.34	1.80±0.36	2.343	$p<0.05$
呼吸胸围差（厘米）	6.6±1.9	6.1±1.6	1.112	$p>0.05$
下方视野	67.1±8.5	68.0±6.5	–0.478	$p>0.05$

表5–53　检验统计a

—	最大通气量	最大通气量/体重	冠状面视野	上方视野
Mann–Whitney U	46.000	308.000	352.000	389.500
Wilcoxon W	166.000	1049.000	1093.000	738.000
z值	–2.378	–2.347	–1.729	–1.202
渐近显著性（双尾）	0.017	0.019	0.084	0.229

表5-54　优秀组与一般组后卫球员机能特征测试结果比较（2）

测试指标	优秀组	一般组	z值	p（双侧）
肺活量/体重	74.3±7.7	69.2±11.7	-2.347	$p<0.05$
最大通气量（升）	136.2±22.7	113.3±22.4	-2.378	$p<0.05$
冠状面视野（度）	162.9±15.3	156.6±15.0	-1.729	$p>0.05$
上方视野（度）	45.6±8.2	46.6±6.7	-1.202	$p>0.05$

（四）中场球员优秀组与一般组机能特征的分析

表5-55、表5-56为两组不同竞技能力的中场球员机能指标结果的正态性分布和方差齐性检验结果，样本量处在3～50，采用Shapiro-Wilk检验正态分布，可以看出两组不同水平中场球员的肺活量、肺活量/体重、最大通气量/体重、上方视野满足t检验的条件，故采用t检验方法对两组运动员进行显著性检验。其余机能指标采用Mann-Whitney U检验以判断两组运动员是否存在显著性差异，检验结果见表5-57。

表5-55　中场球员机能特征指标正态性检验

—	组别	Shapiro-Wilk		
		统计	df	显著性
肺活量	1	0.955	25	0.318
肺活量	2	0.953	34	0.148
最大通气量	1	0.953	25	0.297
	2	0.963	34	0.303
肺活量/体重	1	0.977	25	0.816
	2	0.974	34	0.584
最大通气量/体重	1	0.968	25	0.593
	2	0.976	34	0.647

续表

—	组别	Shapiro–Wilk		
		统计	df	显著性
呼吸胸围差	1	0.971	25	0.675
	2	0.967	34	0.393
冠状面视野	1	0.950	25	0.257
	2	0.887	34	0.002
上方视野	1	0.955	25	0.317
	2	0.988	34	0.962
下方视野	1	0.972	25	0.694
	2	0.854	34	0.000

表 5–56　方差齐性检验

—	Levene 统计	df1	df2	显著性
肺活量	0.042	1	57	0.838
最大通气量	4.072	1	57	0.048
肺活量/体重	0.027	1	57	0.485
最大通气量/体重	4.407	1	57	0.078
呼吸胸围差	4.284	1	57	0.043
冠状面视野	0.674	1	57	0.415
上方视野	0.916	1	57	0.342
下方视野	1.508	1	57	0.224

表 5–57　检验统计 a

—	最大通气量	呼吸胸围差	冠状面视野	下方视野
Mann–Whitney U	250.500	386.000	420.000	343.000
Wilcoxon W	845.500	981.000	1015.000	938.000

续表

—	最大通气量	呼吸胸围差	冠状面视野	下方视野
z值	–2.677	–0.599	–0.077	–1.259
渐近显著性（双尾）	0.007	0.549	0.939	0.208

从表5–58、表5–59优秀组与一般组中场球员机能特征测试结果比较可以得出，两组不同竞技能力的中场球员之间在机能方面仅仅在最大通气量、最大通气量/体重两项指标上表现为一般组好于优秀组，且优秀组和一般组运动员之间存在显著性差异；其他机能指标在优秀组和一般组中场球员之间两两比较之后差异大于0.05水平，故不存在显著性差异。

表5–58　优秀组与一般组中场球员机能特征测试结果比较（1）

测试指标	优秀组	一般组	t值	p值
肺活量（毫升）	4633.2±652.4	4341.2±646.8	1.707	$p>0.05$
肺活量/体重	72.1±10.1	71.0±9.3	0.425	$p>0.05$
最大通气量/体重	2.03±0.37	1.85±0.29	2.103	$p<0.05$
上方视野（度）	49.7±8.2	46.6±7.0	1.540	$p>0.05$

表5–59　优秀组与一般组中场球员机能特征测试结果比较（2）

测试指标	优秀组	一般组	z值	p（双侧）
最大通气量（升）	131.1±26.3	113.2±19.3	–2.677	$p<0.01$
胸围呼吸差（厘米）	6.5±2.2	6.2±1.5	–0.599	$p>0.05$
冠状面视野（度）	156.6±17.4	156.5±16.7	–0.077	$p>0.05$
下方视野（度）	66.6±9.9	66.4±8.3	–1.259	$p>0.05$

（五）前锋球员优秀组与一般组机能特征的分析

表5–60、表5–61为两组不同竞技能力的前锋球员机能指标结果的正态性分布和方差齐性检验结果，样本量处在3～50，采用Shapiro–Wilk检

验正态分布，可以看出两组不同水平前锋球员的最大通气量、最大通气量/身高、呼吸胸围差、上方视野满足t检验的条件，故采用t检验方法对两组运动员进行显著性检验。其余机能指标采用Mann–Whitney U检验以判断两组前锋球员是否存在显著性差异，检验结果见表5–62。

表5–60　前锋球员机能特征指标正态性检验

—	组别	Shapiro–Wilk		
		统计	df	显著性
肺活量	1	0.889	17	0.044
	2	0.946	19	0.343
最大通气量	1	0.975	17	0.894
	2	0.910	19	0.074
肺活量/体重	1	0.858	17	0.014
	2	0.950	19	0.395
最大通气量/体重	1	0.942	17	0.342
	2	0.936	19	0.222
呼吸胸围差	1	0.926	17	0.185
	2	0.946	19	0.333
冠状面视野	1	0.876	17	0.028
	2	0.962	19	0.607
上方视野	1	0.944	17	0.365
	2	0.929	19	0.165
下方视野	1	0.870	17	0.022
	2	0.917	19	0.098

表5-61　方差齐性检验

—	Levene 统计	df1	df2	显著性
肺活量	3.973	1	34	0.054
最大通气量	0.209	1	34	0.650
肺活量/体重	5.786	1	34	0.022
最大通气量/体重	0.960	1	34	0.334
呼吸胸围差	0.756	1	34	0.391
冠状面视野	0.796	1	34	0.378
上方视野	0.010	1	34	0.921
下方视野	1.089	1	34	0.304

表5-62　检验统计a

—	肺活量	肺活量/体重	冠状面视野	下方视野
Mann-Whitney U	114.000	128.500	133.000	118.000
Wilcoxon W	304.000	318.500	323.000	271.000
z值	-1.505	-1.046	-0.905	-1.380
渐近显著性（双尾）	0.132	0.296	0.365	0.168
精确显著性 [2*（单尾显著性）]	0.138b	0.300b	0.379b	0.175b

由表5-63、表5-64优秀组与一般组前锋球员机能特征测试结果比较可以看出，两组不同竞技能力的前锋球员之间仅仅在最大通气量、最大通气量/体重两项指标上，表现为优秀组好于一般组，且优秀组和一般组运动员之间存在显著性差异；其他身体机能指标在优秀组和一般组前锋球员之间两两比较之后差异大于0.05水平，故不存在显著性差异。

表 5–63　优秀组与一般组前锋球员机能特征测试结果比较（1）

测试指标	优秀组	一般组	t值	p值
最大通气量（升）	133.7±18.3	111.5±18.9	3.562	$p<0.01$
最大通气量/体重	2.15±0.32	1.81±0.40	2.801	$p<0.01$
呼吸胸围差（厘米）	6.0±2.2	6.3±1.7	–0.532	$p>0.05$
上方视野（度）	46.4±7.8	47.5±8.5	–0.430	$p>0.05$

表 5–64　优秀组与一般组前锋球员机能特征测试结果比较（2）

测试指标	优秀组	一般组	z值	p（双侧）
肺活量（毫升）	4508.8±501.2	4196.8±674.1	0.132	$p>0.05$
肺活量/体重	72.3±6.9	67.7±11.4	–1.046	$p>0.05$
冠状面视野（度）	158.2±18.1	154.4±14.5	–0.905	$p>0.05$
下方视野（度）	65.2±8.6	69.3±7.9	–1.380	$p>0.05$

不同位置上优秀组和一般组球员在身体机能方面存在显著性差异的指标有所不同，这主要是运动员位置特征和要求的不同所造成的，故17岁足球运动员选材中的机能指标应该根据位置不同而有所侧重，不可一概而论。

在足球比赛中，运动员在完成各种技术动作和做出决策之前必须观察场上的本方和对方球员的站位、同伴的跑动接应或者前插等各种瞬息万变的情况，因此，足球运动员需具有宽阔的视野①。但研究发现，不同竞技水平组的运动员之间在视野指标上差异并不显著，视野虽是运动员观察的生理基础，但是通过长期系统的训练，运动员在场上的观察主要依靠身体姿势和头部位置的改变。因此，本研究未将视野纳入各位置运动员的选材指标体系之中。

① 周庆功. 对足球运动员的视野及机制的探讨[J]. 体育学刊，1997（1）：109–111.

四、素质特征

身体素质是指人体在运动中所表现出来的速度、力量、灵敏、柔韧等方面的技能能力，是人体肌肉活动基本能力的表现，对于青少年足球运动员的重要性不言而喻，良好的身体素质不仅可以在一定程度上预防运动损伤、促进专项技术动作的掌握，也可为运动员今后全程性运动训练保持良好竞技状态、延长运动寿命打下良好的基础①。本研究在文献阅读梳理、专家访谈、问卷调查的基础之上，结合足球运动专项特征，对不同位置的足球运动员均进行了速度、灵敏、专项耐力、力量、足球力量等方面的测试，以获取其身体素质的发展情况信息，诊断和评价不同位置、不同水平运动员之间的身体素质水平，为选材指标体系的建构提供依据。

（一）不同位置球员素质特征的分析

由表5-65四个位置运动员身体素质测试数据的方差分析结果可以看出，各个位置上的运动员在身体素质特征方面的差异主要表现在5米信号跑、20米跑、30米跑、T形跑、右腿跳跃、Yo-Yo测试、非优势脚踢远/体重几项指标上，而在反映足球专项力量的优势脚与非优势脚踢远、反映爆发力的“蹲起跳跃”等指标上四个位置运动员之间的差异无统计学意义。

表5-65　不同位置球员之间素质指标的比较

测试指标	守门员	后卫	中场	前锋	F值	p值
5米信号跑（秒）	1.648±0.754a	1.600±0.759bc	1.627±0.978ab	1.589±0.671c	3.847	$p<0.05$
10米跑（秒）	2.513±0.175a	2.527±0.295a	2.546±0.270a	2.444±0.203a	1.252	$p>0.05$

① 田麦久. 运动训练学[M]. 北京：人民体育出版社，1999：184-185.

续表

测试指标	守门员	后卫	中场	前锋	F值	*p*值
20米跑（秒）	3.826±0.138a	3.699±0.123bc	3.744±0.150b	3.657±0.151c	8.888	$p<0.01$
30米跑（秒）	5.076±0.201a	4.910±0.177b	4.967±0.193b	4.930±0.184b	5.344	$p<0.01$
T形跑（秒）	11.235±0.633a	10.761±0.589b	10.944±0.582b	10.809±0.574b	4.571	$p<0.01$
蹲起跳跃（厘米）	45.8±5.8a	44.4±6.1ab	42.4±7.2c	44.7±7.9ab	2.396	$p>0.05$
左腿跳跃（厘米）	26.4±4.2a	25.3±3.8a	25.0±3.8a	26.3±5.4a	1.142	$p>0.05$
右腿跳跃（厘米）	27.0±4.2a	25.8±4.0ab	24.7±3.5b	26.7±5.0a	2.903	$p<0.05$
非优势脚踢远（米）	32.7±9.2b	37.0±7.3a	37.0±8.1a	37.2±7.8a	2.435	$p>0.05$
优势脚踢远（米）	47.3±6.4a	45.2±6.9a	45.5±8.7a	45.0±10.7a	0.512	$p>0.05$
Yo-Yo 跑（米）	2442.86±574.77b	2878.10±680.18a	2933.90±609.27a	2766.67±558.14a	4.365	$p<0.05$
蹲起跳跃/身高	0.25±0.03	0.25±0.04	0.24±0.04	0.26±0.03	0.995	$p>0.05$
左腿跳跃/身高	0.14±0.03	0.14±0.02	0.14±0.02	0.15±0.03	0.985	$p>0.05$
右腿跳跃/身高	0.15±0.03	0.15±0.02	0.14±0.02	0.15±0.03	1.573	$p>0.05$
非优势脚踢远/体重	0.48±0.13b	0.57±0.11a	0.59±0.12a	0.60±0.13a	6.733	$p<0.01$
优势脚踢远/体重	0.69±0.07a	0.70±0.09a	0.73±0.14a	0.72±0.17a	1.098	$p>0.05$

反映启动和反映速度的“5米信号跑”表现为前锋好于后卫好于中场好于守门员，且前锋球员与中场球员和守门员之间均存在显著性差异，后卫球员与守门员之间存在显著性差异。在反映短距离速度能力的“20米跑”上同样表现出前锋好于后卫好于中场好于守门员的趋势，且前锋球员、后卫球员、中场球员均和守门员之间均存在非常显著性差异，后卫球员与中场球员之间的差异无统计学意义。反映灵敏素质和协调性的“T形跑”和反映速度素质的“30米跑”表现为后卫好于前锋好于中场好于守门员，前锋、中场和后卫三个位置的球员之间差异无统计学意义，但均与守门员组存在显著性差异。反映单侧下肢力量的“右腿跳跃”表现为守门员好于前锋好于后卫好于中场，且仅在守门员与中场间、前锋与中场间存在显著性差异。反映心肺功能和耐力素质的“Yo–Yo测试”为中场好于后卫好于前锋好于守门员，前锋、中场和后卫三个位置的球员之间差异无统计学意义，但均与守门员存在显著性差异。反映相对足球力量的“非优势脚踢远/体重”表现为前锋好于中场好于后卫好于守门员，且前锋、中场和后卫三个位置的球员之间差异无统计学意义，但均与守门员存在显著性差异。不同位置之间身体素质指标测试结果表现出的差异性同时表明在进行17岁足球运动员选材指标构建时，应根据位置进行素质选材指标的有效甄别。

（二）守门员优秀组与一般组素质特征的分析

表5–66、表5–67为两组不同竞技能力的守门员身体素质指标结果的正态性分布和方差齐性检验结果，样本量处在3～50，采用Shapiro–Wilk检验正态分布，可以看出两组不同水平守门员的T形跑、右腿跳跃、优势脚踢远、右腿跳跃/身高、Yo–Yo跑满足t检验的条件，故采用t检验方法对两组运动员进行显著性检验。其余机能指标采用Mann–Whitney U检验以判断两组前锋球员是否存在显著性差异，检验结果见表5–68、表5–69。

表 5-66　守门员优秀组与一般组正态性检验

—	组别	Shapiro–Wilk		
		统计	df	显著性
5米信号跑	1	0.944	13	0.512
	2	0.857	15	0.022
10米跑	1	0.828	13	0.015
	2	0.735	15	0.001
20米跑	1	0.886	13	0.087
	2	0.908	15	0.125
30米跑	1	0.885	13	0.084
	2	0.872	15	0.036
Yo–Yo跑	1	0.914	13	0.208
	2	0.900	15	0.095
T形跑	1	0.903	13	0.149
	2	0.943	15	0.425
蹲起跳跃	1	0.904	13	0.154
	2	0.851	15	0.018
左腿跳跃	1	0.871	13	0.054
	2	0.833	15	0.010
右腿跳跃	1	0.897	13	0.123
	2	0.931	15	0.287
非优势脚踢远	1	0.936	13	0.413
	2	0.913	15	0.152
优势脚踢远	1	0.938	13	0.428
	2	0.897	15	0.084
蹲起跳跃/身高	1	0.925	13	0.289
	2	0.862	15	0.026

续表

—	组别	Shapiro–Wilk		
		统计	df	显著性
左腿跳跃/身高	1	0.904	13	0.150
	2	0.769	15	0.002
右腿跳跃/身高	1	0.869	13	0.051
	2	0.944	15	0.430
非优势脚踢远/体重	1	0.888	13	0.093
	2	0.820	15	0.007
优势脚踢远/体重	1	0.858	13	0.036
	2	0.875	15	0.040

表 5–67　守门员优秀组与一般组方差齐性检验

—	Levene 统计	df1	df2	显著性
5米信号跑	0.120	1	26	0.732
10米跑	0.995	1	26	0.328
20米跑	4.725	1	26	0.039
30米跑	3.744	1	26	0.064
Yo–Yo跑	0.716	1	26	0.405
T形跑	0.310	1	26	0.582
蹲起跳跃	0.023	1	26	0.882
左腿跳跃	0.075	1	26	0.786
右腿跳跃	0.110	1	26	0.743
非优势脚踢远	9.651	1	26	0.005
优势脚踢远	0.001	1	26	0.979
蹲起跳跃/身高	0.035	1	26	0.853
左腿跳跃/身高	0.008	1	26	0.930

续表

—	Levene 统计	df1	df2	显著性
右腿跳跃/身高	0.389	1	26	0.538
非优势脚腿踢远/体重	14.436	1	26	0.001
优势脚踢远/体重	0.589	1	26	0.450

表5-68　检验统计a（1）

—	5米信号跑	10米跑	20米跑	30米跑	蹲起跳跃	左腿跳跃
Mann-Whitney U	78.000	90.000	83.000	68.500	73.000	94.000
Wilcoxon W	169.000	181.000	174.000	159.500	193.000	185.000
z值	−0.901	−0.346	−0.670	−1.339	−1.131	−0.162
渐近显著性（双尾）	0.368	0.729	0.503	0.181	0.258	0.872
精确显著性[2*（单尾显著性）]	0.387b	0.751b	0.525b	0.185b	0.274b	0.892b

表5-69　检验统计a（2）

—	蹲起跳跃/身高	左腿跳跃/身高	非优势脚踢远	非优势脚踢远/体重	优势脚踢远/体重
Mann-Whitney U	84.000	94.000	18.000	42.000	59.000
Wilcoxon W	204.000	185.000	138.000	162.000	179.000
z值	−0.629	−0.165	−3.671	−2.568	−1.782
渐近显著性（双尾）	0.529	0.869	0.000	0.010	0.075
精确显著性[2*（单尾显著性）]	0.555b	0.892b	0.000b	0.010b	0.080b

由表5-70、表5-71优秀组与一般组守门员素质特征测试结果比较可以看出，两组不同竞技能力的守门员在T形跑、优势脚踢远、非优势脚踢远、非优势脚踢远/体重四项指标上，表现为优秀组好于一般组，且优秀

组和一般组运动员之间存在显著性差异；其他指标在优秀组和一般组守门员之间两两比较之后差异大于0.05水平，故不存在显著性差异。

表5-70　优秀组与一般组守门员素质特征测试结果比较（1）

测试指标	优秀组	一般组	t值	p值
T形跑（秒）	10.726±0.444	11.677±0.391	-6.023	$p<0.01$
右腿跳跃（厘米）	26.8±4.4	27.3±4.3	-0.301	$p>0.05$
优势脚踢远（米）	51.3±5.3	43.9±5.2	3.779	$p<0.01$
Yo-Yo跑（米）	2561.54±640.65	2340.00±510.80	1.018	$p>0.05$
右腿跳跃/身高	0.15±0.03	0.15±0.03	-0.021	$p>0.05$

表5-71　优秀组与一般组守门员素质特征测试结果比较（2）

测试指标	优秀组	一般组	z值	p（双侧）
5米信号跑（秒）	1.631±0.816	1.664±0.686	-0.901	$p>0.05$
10米跑（秒）	2.514±0.196	2.513±0.162	-0.346	$p>0.05$
20米跑（秒）	3.803±0.169	3.847±0.145	-0.670	$p>0.05$
30米跑（秒）	5.005±0.230	5.137±0.155	-1.339	$p>0.05$
蹲起跳跃（厘米）	47.1±6.3	44.7±5.4	-1.131	$p>0.05$
左腿跳跃（厘米）	26.5±4.3	26.3±4.2	-0.162	$p>0.05$
蹲起跳跃/身高	0.26±0.04	0.25±0.03	-0.629	$p>0.05$
左腿跳跃/身高	0.14±0.03	0.14±0.02	-0.165	$p>0.05$
非优势脚踢远（米）	39.4±3.9	26.8±8.5	-3.671	$p<0.01$
非优势脚踢远/体重	0.56±0.07	0.41±0.13	-2.568	$p<0.05$
优势脚踢远/体重	0.72±0.07	0.67±0.07	-1.782	$p>0.05$

（三）后卫球员优秀组与一般组素质特征的分析

表5–72、表5–73为两组不同竞技能力的后卫球员身体素质指标结果的正态性分布和方差齐性检验结果，样本量处在3～50，采用Shapiro–Wilk检验正态分布，可以看出两组不同水平守门员的T形跑、30米跑满足*t*检验的条件，故采用*t*检验方法对两组运动员进行显著性检验。其余机能指标采用Mann–Whitney U检验以判断两组前锋球员是否存在显著性差异，检验结果见表5–74、表5–75。

表5–72　后卫球员优秀组与一般组正态性检验

—	组别	Shapiro–Wilk		
		统计	df	显著性
5米信号跑	1	0.983	25	0.936
	2	0.930	38	0.021
10米跑	1	0.731	25	0.000
	2	0.843	38	0.000
20米跑	1	0.990	25	0.996
	2	0.947	38	0.070
30米跑	1	0.950	25	0.251
	2	0.968	38	0.349
Yo–Yo跑	1	0.933	25	0.101
	2	0.900	38	0.003
T形跑	1	0.932	25	0.098
	2	0.943	38	0.052
蹲起跳跃	1	0.899	25	0.017
	2	0.969	38	0.357
左腿跳跃	1	0.943	25	0.171
	2	0.922	38	0.012

续表

—	组别	Shapiro–Wilk		
		统计	df	显著性
右腿跳跃	1	0.917	25	0.045
	2	0.961	38	0.199
非优势脚踢远	1	0.970	25	0.635
	2	0.849	38	0.000
优势脚踢远	1	0.943	25	0.174
	2	0.905	38	0.004
蹲起跳跃/身高	1	0.888	25	0.010
	2	0.958	38	0.162
左腿跳跃/身高	1	0.955	25	0.322
	2	0.939	38	0.038
右腿跳跃/身高	1	0.870	25	0.004
	2	0.953	38	0.109
非优势脚踢远/体重	1	0.943	25	0.175
	2	0.876	38	0.001
优势脚踢远/体重	1	0.938	25	0.135
	2	0.916	38	0.007

表5–73　方差齐性检验

—	Levene 统计	df1	df2	显著性
5米信号跑	3.274	1	61	0.075
10米跑	36.676	1	61	0.000
20米跑	0.389	1	61	0.535
30米跑	1.148	1	61	0.288
T形跑	2.898	1	61	0.094

续表

—	Levene 统计	df1	df2	显著性
蹲起跳跃	2.023	1	61	0.160
左腿跳跃	0.163	1	61	0.687
右腿跳跃	0.927	1	61	0.339
非优势脚踢远	0.158	1	61	0.692
优势脚踢远	1.597	1	61	0.211
蹲起跳跃/身高	1.504	1	61	0.225
左腿跳跃/身高	0.412	1	61	0.523
右腿跳跃/身高	0.637	1	61	0.428
非优势脚踢远/体重	1.570	1	61	0.215
优势脚踢远/体重	0.433	1	61	0.513

表5-74　检验统计a（1）

—	5米信号跑	10米跑	20米跑	蹲起跳跃	左腿跳跃	右腿跳跃	非优势脚踢远	优势脚踢远
Mann-Whitney U	241.000	195.000	282.000	365.500	290.000	455.000	187.500	195.000
Wilcoxon W	566.000	520.000	607.000	1106.500	1031.000	1196.000	928.500	936.000
z值	-3.288	-3.935	-2.712	-1.539	-2.599	-.281	-4.045	-3.940
渐近显著性（双尾）	0.001	0.000	0.007	0.124	0.009	0.779	0.000	0.000

表5-75　检验统计a（2）

—	Yo-Yo跑	蹲起跳跃/身高	左腿跳跃/身高	右腿跳跃/身高	非优势脚踢远/体重	优势脚踢远/体重
Mann-Whitney U	259.500	433.500	328.500	455.500	350.000	309.500
Wilcoxon W	1000.500	1174.500	1069.500	780.500	1091.000	1050.500

续表

—	Yo–Yo跑	蹲起跳跃/身高	左腿跳跃/身高	右腿跳跃/身高	非优势脚踢远/体重	优势脚踢远/体重
z值	–3.030	–0.589	–2.088	–0.278	–1.758	–2.328
渐近显著性（双尾）	0.002	0.556	0.037	0.781	0.079	0.020

由表5–76、表5–77优秀组与一般组后卫球员素质特征测试结果比较可以看出，两组不同竞技能力的后卫球员在T形跑、5米信号跑、10米跑、20米跑、30米跑、左腿跳跃、优势脚踢远、非优势脚踢远、优势脚踢远/体重、Yo–Yo 跑、左腿跳跃/身高指标上，表现为优秀组好于一般组，且优秀组和一般组运动员之间存在显著性差异；其他身体素质指标在优秀组和一般组守门员之间两两比较之后差异大于0.05水平，故不存在显著性差异。

表5–76 优秀组与一般组后卫球员素质特征测试结果比较（1）

测试指标	优秀组	一般组	t值	p值
30米跑（秒）	4.840±0.142	4.957±0.185	–2.692	$p<0.01$
T形跑（秒）	10.402±0.425	10.997±0.565	–4.486	$p<0.01$

表5–77 优秀组与一般组后卫球员素质特征测试结果比较（2）

测试指标	优秀组	一般组	z值	p值
5米信号跑（秒）	1.561±0.522	1.626±0.784	–3.288	$p<0.01$
10米跑（秒）	2.362±0.142	2.635±0.319	–3.935	$p<0.01$
20米跑（秒）	3.651±0.996	3.731±0.127	–2.712	$p<0.01$
蹲起跳跃（厘米）	45.9±4.7	43.4±6.7	–1.539	$p>0.05$
左腿跳跃（厘米）	26.9±3.4	24.2±3.8	–2.599	$p<0.01$

续表

测试指标	优秀组	一般组	z值	p值
右腿跳跃（厘米）	26.3±3.4	25.4±4.3	-0.281	$p>0.05$
非优势脚踢远（米）	41.3±5.7	34.2±6.8	-4.045	$p<0.01$
优势脚踢远（米）	49.5±5.4	42.4±6.4	-3.940	$p<0.01$
Yo-Yo跑（米）	3191.20±566.48	2672.11±676.21	-3.030	$p<0.01$
蹲起跳跃/身高	0.25±0.03	0.25±0.04	-0.589	$p>0.05$
左腿跳跃/身高	0.15±0.02	0.14±0.02	-2.088	$p<0.05$
右腿跳跃/身高	0.15±0.02	0.14±0.03	-0.278	$p>0.05$
非优势脚踢远/体重	0.61±0.08	0.55±0.12	-1.758	$p>0.05$
优势脚踢远/体重	0.73±0.08	0.67±0.10	-2.328	$p<0.05$

（四）中场球员优秀组与一般组素质特征的分析

表5-78、表5-79为两组不同竞技能力的中场球员身体素质指标结果的正态性分布和方差齐性检验结果，样本量处在3～50，采用Shapiro-Wilk检验正态分布，可以看出两组不同水平中场球员的T形跑、20米跑、30米跑、左腿跳跃、左腿跳跃/身高、右腿跳跃/身高、非优势脚踢远、非优势脚踢远/体重满足t检验的条件，故采用t检验方法对两组运动员进行显著性检验。其余身体素质指标都采用Mann-Whitney U检验以判断两组前锋球员是否存在显著性差异，检验结果见表5-80。

表5-78　正态性检验

—	组别	Shapiro-Wilk		
		统计	df	显著性
5米信号跑	1	0.975	25	0.763
	2	0.873	34	0.001
10米跑	1	0.727	25	0.000
	2	0.866	34	0.001
20米跑	1	0.955	25	0.322
	2	0.964	34	0.321
30米跑	1	0.960	25	0.422
	2	0.963	34	0.298
Yo-Yo跑	1	0.914	25	0.038
	2	0.946	34	0.095
T形跑	1	0.981	25	0.912
	2	0.986	34	0.927
蹲起跳跃	1	0.734	25	0.000
	2	0.962	34	0.281
左腿跳跃	1	0.957	25	0.358
	2	0.977	34	0.660
右腿跳跃	1	0.970	25	0.652
	2	0.930	34	0.032
非优势脚踢远	1	0.939	25	0.139
	2	0.976	34	0.637
优势脚踢远	1	0.974	25	0.753
	2	0.903	34	0.005

续表

—	组别	Shapiro–Wilk		
		统计	df	显著性
蹲起跳跃/身高	1	0.697	25	0.000
	2	0.971	34	0.480
左腿跳跃/身高	1	0.951	25	0.265
	2	0.943	34	0.077
右腿跳跃/身高	1	0.964	25	0.511
	2	0.940	34	0.062
非优势脚踢远/体重	1	0.958	25	0.383
	2	0.961	34	0.259
优势脚踢远/体重	1	0.962	25	0.447
	2	0.871	34	0.001

表5–79　方差齐性检验

—	Levene 统计	df1	df2	显著性
5米信号跑	0.927	1	57	0.340
10米跑	8.772	1	57	0.004
20米跑	0.785	1	57	0.379
30米跑	0.899	1	57	0.347
T形跑	2.373	1	57	0.129
蹲起跳跃	1.705	1	57	0.197
左腿跳跃	0.052	1	57	0.820
右腿跳跃	0.116	1	57	0.734
非优势脚踢远	1.293	1	57	0.260
优势脚踢远	2.427	1	57	0.125

续表

—	Levene 统计	df1	df2	显著性
蹲起跳跃/身高	0.766	1	57	0.385
左腿跳跃/身高	0.351	1	57	0.556
右腿跳跃/身高	0.014	1	57	0.906
非优势脚踢远/体重	0.775	1	57	0.382
优势脚踢远/体重	2.968	1	57	0.090

表5-80　检验统计a

—	5米信号跑	10米跑	Yo-Yo跑	蹲起跳跃	右腿跳跃	优势脚踢远	蹲起跳跃/身高	优势脚踢远/体重
Mann-Whitney U	268.500	185.000	229.000	291.500	326.000	253.500	343.000	367.000
Wilcoxon W	593.500	510.000	824.000	886.500	921.000	848.500	938.000	962.000
z值	−2.401	−3.682	−3.008	−2.048	−1.519	−2.635	−1.266	−0.890
渐近显著性（双尾）	0.016	0.000	0.003	0.041	0.129	0.008	0.206	0.373

由表5-81、表5-82优秀组与一般组中场球员素质特征测试结果的比较可以看出，两组不同竞技能力的中场球员在T形跑、5米信号跑、10米跑、20米跑、30米跑、蹲起跳跃、优势脚踢远、非优势脚踢远、非优势脚踢远/体重、Yo-Yo 跑指标上，表现为优秀组好于一般组，且优秀组和一般组运动员之间存在显著性差异；其他身体素质指标在优秀组和一般组守门员之间差异大于0.05水平，故不存在显著性差异。

表5-81　优秀组与一般组中场球员素质特征测试结果比较（1）

测试指标	优秀组	一般组	t值	p值
20米跑（秒）	3.691±0.120	3.783±0.159	-2.403	$p<0.05$
30米跑（秒）	4.895±0.159	5.019±0.201	-2.556	$p<0.05$
T形跑（秒）	10.524±0.394	11.254±0.450	-6.043	$p<0.01$
左腿跳跃（厘米）	25.2±3.7	24.8±3.9	0.400	$p>0.05$
非优势脚踢远（米）	40.6±6.5	34.4±8.2	3.165	$p<0.01$
左腿跳跃/身高	0.14±0.02	0.14±0.02	-0.157	$p>0.05$
右腿跳跃/身高	0.14±0.02	0.14±0.02	0.604	$p>0.05$
非优势脚踢远/体重	0.63±0.10	0.56±0.13	2.168	$p<0.05$

表5-82　优秀组与一般组中场球员素质特征测试结果比较（2）

测试指标	优秀组	一般组	z值	p值
5米信号跑（秒）	1.592±0.755	1.653±0.105	-2.401	$p<0.05$
10米跑（秒）	2.418±0.204	2.641±0.276	-3.682	$p<0.01$
蹲起跳跃（厘米）	43.3±9.4	41.7±5.1	-2.048	$p<0.01$
右腿跳跃（厘米）	25.3±3.2	24.2±3.7	-1.519	$p>0.05$
优势脚踢远（米）	49.1±5.8	43.0±9.6	-2.635	$p<0.01$
Yo-Yo 跑（米）	3225.60±441.68	2719.41±631.41	-3.008	$p<0.01$
蹲起跳跃/身高	0.25±0.05	0.24±0.03	-1.266	$p>0.05$
优势脚踢远/体重	0.76±0.09	0.71±0.16	-0.890	$p>0.05$

（五）前锋球员优秀组与一般组素质特征的分析

表5-83、表5-84为两组不同竞技能力的前锋球员身体素质指标结果的正态性分布和方差齐性检验结果，样本量处在3～50，采用Shapiro-

Wilk检验正态分布，可以看出两组不同水平前锋球员仅有T形跑、20米跑、非优势脚踢远满足t检验的条件，故采用t检验方法对两组运动员进行显著性检验。其余身体素质指标都采用Mann–Whitney U检验以判断两组前锋球员是否存在显著性差异，检验结果见表5–85、表5–86。

表5–83　正态性检验

—	组别	Shapiro–Wilk		
		统计	df	显著性
5米信号跑	1	0.942	17	0.348
	2	0.897	19	0.043
10米跑	1	0.887	17	0.041
	2	0.782	19	0.001
20米跑	1	0.898	17	0.062
	2	0.928	19	0.161
30米跑	1	0.923	17	0.167
	2	0.896	19	0.041
Yo–Yo跑	1	0.846	17	0.009
	2	0.893	19	0.036
T形跑	1	0.916	17	0.128
	2	0.916	19	0.094
蹲起跳跃	1	0.848	17	0.010
	2	0.958	19	0.535
左腿跳跃	1	0.913	17	0.111
	2	0.891	19	0.033
右腿跳跃	1	0.963	17	0.682
	2	0.879	19	0.021

续表

—	组别	Shapiro–Wilk		
		统计	df	显著性
非优势脚踢远	1	0.938	17	0.298
	2	0.953	19	0.439
优势脚踢远	1	0.862	17	0.016
	2	0.684	19	0.000
蹲起跳跃/身高	1	0.811	17	0.003
	2	0.930	19	0.173
左腿跳跃/身高	1	0.893	17	0.052
	2	0.891	19	0.034
右腿跳跃/身高	1	0.931	17	0.229
	2	0.848	19	0.006
非优势脚踢远/体重	1	0.935	17	0.265
	2	0.922	19	0.124
优势脚踢远/体重	1	0.935	17	0.261
	2	0.698	19	0.000

表5-84 方差齐性检验

—	Levene 统计	df1	df2	显著性
5米信号跑	1.067	1	34	0.309
10米跑	9.638	1	34	0.004
20米跑	3.058	1	34	0.089
30米跑	0.334	1	34	0.567
Yo–Yo跑	0.079	1	34	0.780
T形跑	0.948	1	34	0.337
蹲起跳跃	6.472	1	34	0.016

续表

—	Levene 统计	df1	df2	显著性
左腿跳跃	3.943	1	34	0.055
右腿跳跃	15.284	1	34	0.000
非优势脚踢远	2.410	1	34	0.130
优势脚踢远	0.103	1	34	0.750
蹲起跳跃/身高	2.577	1	34	0.118
左腿跳跃/身高	5.481	1	34	0.025
右腿跳跃/身高	23.367	1	34	0.000
非优势脚踢远/体重	5.345	1	34	0.027
优势脚踢远/体重	0.687	1	34	0.413

表5-85　检验统计a（1）

—	5米信号跑	10米跑	30米跑	蹲起跳跃	左腿跳跃	右腿跳跃	优势脚踢远
Mann–Whitney U	117.000	65.000	115.000	129.000	146.500	138.500	58.500
Wilcoxon W	270.000	218.000	268.000	319.000	336.500	328.500	248.500
*z*值	−1.411	−3.060	−1.475	−1.030	−0.476	−0.729	−3.271
渐近显著性（双尾）	0.158	0.002	0.140	0.303	0.634	0.466	0.001
精确显著性[2*（单尾显著性）]	0.165b	0.002b	0.146b	0.315b	0.639b	0.471b	0.001b

表5-86　检验统计a（2）

—	Yo-Yo跑	蹲起跳跃/身高	左腿跳跃/身高	右腿跳跃/身高	非优势脚踢远/体重	优势脚踢远/体重
Mann–Whitney U	110.000	141.000	148.000	144.500	121.000	49.000
Wilcoxon W	300.000	331.000	338.000	334.500	311.000	239.000
*z*值	−1.633	−0.655	−0.433	−0.546	−1.285	−3.571

续表

—	Yo–Yo跑	蹲起跳跃/身高	左腿跳跃/身高	右腿跳跃/身高	非优势脚踢远/体重	优势脚踢远/体重
渐近显著性（双尾）	0.102	0.512	0.665	0.585	0.199	0.000
精确显著性[2*（单尾显著性）]	0.107b	0.531b	0.684b	0.594b	0.208b	0.000b

由表5–87、表5–88优秀组与一般组前锋球员素质特征测试结果的比较可以看出，两组不同竞技能力的中场球员之间在T形跑、10米跑、优势脚踢远、优势脚踢远/体重指标上，表现为优秀组好于一般组，且优秀组和一般组运动员之间存在显著性差异；其他身体素质指标两两比较之后在优秀组和一般组守门员之间差异大于0.05水平，故不存在显著性差异。

表5–87　优秀组与一般组前锋球员素质特征测试结果比较（1）

测试指标	优秀组	一般组	t值	p值
20米跑（秒）	3.672±0.122	3.643±0.175	0.565	$p>0.05$
T形跑（秒）	10.413±0.381	11.163±0.481	–5.143	$p<0.01$
非优势脚踢远（米）	39.1±6.3	35.4±8.7	1.421	$p>0.05$

表5–88　优秀组与一般组前锋球员素质特征测试结果比较（2）

测试指标	优秀组	一般组	z值	p值
5米信号跑（秒）	1.572±0.070	1.604±0.062	–1.411	$p>0.05$
10米跑（秒）	2.349±0.085	2.529±0.241	–3.060	$p<0.01$
30米跑（秒）	4.887±0.173	4.968±0.189	–1.475	$p>0.05$
蹲起跳跃（厘米）	45.7±3.2	43.9±6.1	–1.030	$p>0.05$
左腿跳跃（厘米）	26.3±3.9	26.4±6.6	–0.476	$p>0.05$
右腿跳跃（厘米）	26.5±2.4	26.8±6.6	–0.729	$p>0.05$
优势脚踢远（米）	50.4±7.0	40.2±11.2	–3.273	$p<0.01$

续表

测试指标	优秀组	一般组	z值	p值
Yo–Yo 跑（米）	2937.65±522.92	2613.68±557.10	−1.633	$p>0.05$
蹲起跳跃/身高	0.26±0.03	0.25±0.03	−0.655	$p>0.05$
左腿跳跃/身高	0.15±0.02	0.15±0.04	−0.433	$p>0.05$
右腿跳跃/身高	0.15±0.01	0.15±0.04	−0.546	$p>0.05$
非优势脚踢远/体重	0.63±0.10	0.57±0.16	−1.285	$p>0.05$
优势脚踢远/体重	0.81±0.11	0.64±0.18	−3.571	$p<0.01$

两组不同竞技能力运动员之间具有显著性差异的身体素质指标受位置影响，因此，对该年龄足球运动员进行选材时，应该根据位置选取不同的身体素质测试指标，以提高选材的科学性。

力量素质与肌肉系统密切相关，是身体素质的重要基础，研究证实12～15岁男子运动员速度力量增长最快，17岁以后虽然在一定程度上还有提高的空间，但逐渐趋于稳定，这时速度素质受神经系统的反应快慢以及肌纤维的类型影响较大，且遗传度较高。灵敏性是运动员在训练和比赛的各种复杂变化的环境中，快速且准确改变身体姿势、运动方向和随机应变的基础。足球比赛中，时间和空间的争夺越来越激烈，尤其是随着压迫性防守战术的出现，各位置运动员要在更快的时间内、更为狭小的空间中、更为激烈的对抗之间高质量地完成各项技术动作，良好的灵敏性、速度、足球力量素质是必不可少的。因此，在选材的身体素质指标中，应更加重视灵敏素质、速度素质、足球力量素质较好的运动员，这也有利于运动员今后在不同的战术体系中或者根据球队人员配置需要改变位置角色时对于其他位置更快地适应。

耐力素质在守门员、前锋位置的两组不同水平运动员之间没有表现出显著性差异，但并不代表耐力素质对其均不重要。研究表明，由于位置的特殊性，守门员每场比赛跑动距离远远小于场上其他位置的球员，因此，耐力素质对于守门员来讲不像对于场上其他球员那么重要。现代足球比赛追求攻防一体化，场上所有球员根据场上情况行动统一，本方防守时前锋作为第一道防线要积极参与防守，甚至在前场防守也较为常见，以不断跑动逼迫持球后卫或者无球队员跑动接应，提高球队整体进行压迫性防守的成功率。本研究发现在前锋位置上，优秀组的Yo–Yo跑好于一般组，因此，虽然Yo–Yo跑在两组运动员之间未存在显著性差异，但是在选材时，前锋球员的Yo–Yo跑测试结果还是应该处在比赛需求的范围内①。

五、心理特征

运动实践证实，足球比赛成绩取决于场上所有运动员的运动表现，而赛前运动员体能、技战术能力的储备和心理状态的调整在很大程度上决定着运动表现的好坏。因此，将心理指标纳入青少年足球运动员选材指标中是必要的，本研究通过对前人文献的总结、向专家发放问卷调查等方法，并结合足球运动专项特点和运动员的年龄特点，采用青少年心理韧性量表②和北京师范大学殷恒婵设计的运动员注意力测试量表③对运动员进行了纸笔测试，还使用反应时测试仪器对运动员进行了心理测试。

（一）不同位置球员心理特征的分析

由表5–89中四个位置运动员心理测试数据的方差分析结果可见，四个位置的运动员在心理韧性测试的目标专注、情绪控制、积极认知、人际协助几项指标的测试结果上存在显著性差异；在注意力测试中不同位置运动员的各项指标测试结果有所差别，但是差异不具有显著性；在四肢反应

① 陈翀，陈效科，王朝信，等.U17足球运动员专项灵敏和耐力素质分析及评价等级的建立[J].北京体育大学学报，2016，39（11）：112–118.

② 胡月琴，甘怡群.青少年心理韧性量表的编制和效度验证[J].心理学报，2008，40（8）：902–912.

③ 殷恒婵，张锋周，宋湘勤，等.优秀运动员注意力测量与评价研究[J].体育科学，2006，26（3）：58–63.

时的测试结果中，不同位置运动员的左脚反应时差异显著，且其他指标的测试结果也均有差别。因此，不同位置的运动员具有不同的心理特征，在进行17岁足球运动员选材指标构建时，首先应该根据各自场上位置进行心理选材指标的有效甄别。

表5–89　不同位置球员心理特征指标的比较

测试指标	守门员	后卫	中场	前锋	F值	p值
目标专注	18.5±2.7b	20.5±2.9a	19.3±2.6ab	20.1±3.0a	4.423	$p<0.01$
情绪控制	18.6±3.7b	21.0±4.0a	21.2±4.0a	21.3±5.2a	3.007	$p<0.05$
积极认知	15.7±1.6b	17.8±1.9a	17.4±2.3a	16.8±2.7a	6.401	$p<0.01$
家庭支持	22.9±4.0b	24.5±4.0ab	24.9±3.1a	24.3±3.9ab	1.987	$p>0.05$
人际协助	17.9±6.1b	21.9±4.3a	20.6±4.5a	20.9±4.4a	4.793	$p<0.05$
注意的分配	21.1±4.7b	23.5±6.0ab	23.7±5.9ab	25.1±6.1a	2.547	$p>0.05$
注意的广度	106.0±19.1a	96.4±22.9a	101.5±20.7a	97.8±19.4a	1.589	$p>0.05$
注意的稳定性	17.2±4.6ab	16.7±4.5b	18.3±4.1ab	18.8±4.2a	2.350	$p>0.05$
注意的转移	113.4±15.3a	109.4±38.2a	112.2±31.4a	120.3±39.9a	0.801	$p>0.05$
左手反应时	446.17±36.94a	478.55±87.48a	465.90±103.81a	456.35±75.13a	1.101	$p>0.05$
左手反应正确次数	8.43±1.55b	8.70±1.46ab	8.61±1.88ab	9.28±1.00a	1.983	$p>0.05$
右手反应时	482.20±73.78a	538.13±151.75a	529.24±124.98a	541.83±158.58a	1.302	$p>0.05$

续表

测试指标	守门员	后卫	中场	前锋	F值	p值
右手反应正确次数	7.89±1.60a	7.68±2.05a	7.93±1.65a	8.11±1.89a	0.449	$p>0.05$
左脚反应时	528.18±121.55b	631.21±121.55a	610.43±169.20a	620.29±169.21a	2.726	$p<0.05$
左脚反应正确次数	5.54±1.75b	6.14±2.02ab	6.14±1.88ab	6.86±2.09a	2.500	$p>0.05$
右脚反应时	534.38±88.96a	581.03±125.03a	565.58±111.77a	579.93±126.89a	1.171	$p>0.05$
右脚反应正确次数	8.18±1.31ab	7.56±1.72b	8.07±1.57ab	8.44±1.72a	2.633	$p>0.05$

（二）守门员优秀组与一般组心理特征的分析

表5–90、表5–91为两组不同竞技能力的守门员心理指标结果的正态性分布和方差齐性检验结果，样本量处在3～50，采用Shapiro–Wilk检验正态分布，可以看出两组不同水平守门员仅仅有注意力转移、注意力的稳定性、左手反应时满足t检验的条件，故采用t检验方法对两组运动员进行显著性检验。其余心理指标都采用Mann–Whitney U检验以判断两组守门员是否存在显著性差异，检验结果见表5–92、表5–93。

表5–90　正态性检验

—	组别	Shapiro–Wilk		
		统计	df	显著性
左手反应时	1	0.952	13	0.635
	2	0.882	15	0.051
左手反应正确次数	1	0.709	13	0.001
	2	0.804	15	0.004

续表

—	组别	Shapiro-Wilk		
		统计	df	显著性
右手反应时	1	0.923	13	0.276
	2	0.917	15	0.176
右手反应正确次数	1	0.799	13	0.007
	2	0.892	15	0.071
左脚反应时	1	0.924	13	0.285
	2	0.869	15	0.033
左脚反应正确次数	1	0.883	13	0.078
	2	0.812	15	0.005
右脚反应时	1	0.908	13	0.174
	2	0.858	15	0.023
右脚反应正确次数	1	0.809	13	0.009
	2	0.844	15	0.014
目标专注	1	0.931	13	0.347
	2	0.818	15	0.006
情绪控制	1	0.912	13	0.196
	2	0.852	15	0.019
积极认知	1	0.790	13	0.005
	2	0.967	15	0.806
家庭支持	1	0.866	13	0.047
	2	0.899	15	0.093
人际协助	1	0.954	13	0.666
	2	0.946	15	0.464
注意的分配	1	0.790	13	0.005
	2	0.967	15	0.806

续表

—	组别	Shapiro–Wilk		
		统计	df	显著性
注意的广度	1	0.866	13	0.047
	2	0.899	15	0.093
注意的稳定性	1	0.954	13	0.666
	2	0.946	15	0.464
注意的转移	1	0.954	13	0.666
	2	0.946	15	0.464

表5–91 方差齐性检验

—	Levene 统计	df1	df2	显著性
左手反应时	2.342	1	26	0.138
左手反应正确次数	5.820	1	26	0.023
右手反应时	5.769	1	26	0.024
右手反应正确次数	2.943	1	26	0.098
左脚反应时	7.641	1	26	0.010
左脚反应正确次数	15.658	1	26	0.001
右脚反应时	25.950	1	26	0.000
右脚反应正确次数	15.506	1	26	0.001
目标专注	0.420	1	26	0.523
情绪控制	0.003	1	26	0.023
积极认知	9.068	1	26	0.967
家庭支持	2.355	1	26	0.004
人际协助	0.189	1	26	0.002
注意的分配	0.054	1	26	0.819
注意的广度	2.373	1	26	0.136

续表

—	Levene 统计	df1	df2	显著性
注意的稳定性	0.020	1	26	0.888
注意的转移	0.231	1	26	0.635

表 5–92　检验统计 a（1）

—	左手反应正确次数	右手反应时	左脚反应时	左脚反应正确次数	右脚反应时	右手反应正确次数	注意的分配
Mann–Whitney U	28.000	70.000	56.000	53.000	49.000	29.500	19.000
Wilcoxon W	148.000	161.000	147.000	173.000	140.000	149.500	139.000
z 值	–3.331	–1.269	–1.915	–2.095	–2.236	–3.201	–3.632
渐近显著性（双尾）	0.001	0.205	0.056	0.036	0.025	0.001	0.000
精确显著性 [2*（单尾显著性）]	0.001b	0.217b	0.058b	0.041b	0.025b	0.001b	0.000b

表 5–93　检验统计 a（2）

—	注意的广度	右脚反应正确次数	目标专注	情绪控制	积极认知	家庭支持	人际协助
Mann–Whitney U	84.500	56.000	41.500	48.500	94.000	40.500	33.000
Wilcoxon W	175.500	176.000	161.500	168.500	185.000	160.500	153.000
z 值	–0.600	–1.973	–2.606	–2.271	–0.166	–2.646	–2.979
渐近显著性（双尾）	0.549	0.048	0.009	0.023	0.868	0.008	0.003
精确显著性 [2*（单尾显著性）]	0.555	0.058b	0.008b	0.022b	0.892b	0.007b	0.002b

由表 5–94、表 5–95 优秀组与一般组守门员心理特征测试结果的比较可以看出，两组不同竞技能力的守门员在反映心理韧性方面的目标专注、

情绪控制、家庭支持、人际协助四个维度上存在显著性差异，且均表现为优秀组好于一般组；在反映注意力的四项测试中仅有注意力分配指标在两组运动员之间差异显著；在反映反应时的各项指标中仅在右手反应时、左脚反应时上差异性无统计学意义，其余的各项反应时指标均具有显著性差异，且均表现为优秀组好于一般组。

表5–94　优秀组与一般组守门员心理特征测试结果比较（1）

测试指标	优秀组	一般组	t值	p值
注意的稳定性	16.85±4.51	17.47±4.79	−0.351	$p>0.05$
注意的转移	111.77±34.1	114.73±16.47	−0.505	$p>0.05$
左手反应时	431.12±14.23	459.21±39.57	−2.136	$p<0.05$

表5–95　优秀组与一般组守门员心理特征测试结果比较（2）

测试指标	优秀组	一般组	z值	p值
目标专注	19.69±2.14	17.40±2.75	−1.973	$p<0.05$
情绪控制	20.23±3.14	17.13±3.58	−2.606	$p<0.01$
积极认知	15.69±0.75	15.67±2.13	−0.166	$p>0.05$
家庭支持	25.08±4.01	20.93±2.99	−2.646	$p<0.01$
人际协助	21.54±4.81	14.67±5.38	−2.979	$p<0.01$
注意的分配	24.62±3.69	18.07±3.11	−3.632	$p<0.01$
注意的广度	102.08±12.27	109.40±23.43	−0.600	$p>0.05$
左手反应正确次数	9.54±0.66	7.47±1.46	−3.331	$p<0.01$
右手反应时	457.45±45.21	503.65±87.67	−1.269	$p>0.05$
右手反应正确次数	8.92±0.86	7.00±1.56	−3.201	$p<0.01$
左脚反应时	469.96±71.04	575.63±135.25	−1.915	$p>0.05$
左脚反应正确次数	6.38±0.96	4.80±1.97	−2.095	$p<0.05$

续表

测试指标	优秀组	一般组	z值	p值
右脚反应时	486.48±34.43	575.88±101.35	−2.236	$p < 0.05$
右脚反应正确次数	8.77±0.73	7.67±1.50	−1.973	$p < 0.05$

（三）后卫球员优秀组与一般组心理特征的分析

表5–96、表5–97为两组不同竞技能力的后卫球员心理指标结果的正态性分布和方差齐性检验结果，样本量处在3～50，采用Shapiro–Wilk检验正态分布，可以看出两组不同水平后卫球员仅仅有注意的广度满足t检验的条件，故采用t检验方法对两组运动员进行显著性检验。其余心理指标都采用Mann–Whitney U检验，以判断两组后卫球员是否存在显著性差异，检验结果见表5–98、表5–99。

表5–96　正态性检验

—	组别	Shapiro–Wilk		
		统计	df	显著性
左手反应时	1	0.930	25	0.087
	2	0.828	38	0.000
左手反应正确次数	1	0.800	25	0.000
	2	0.860	38	0.000
右手反应时	1	0.979	25	0.868
	2	0.913	38	0.006
右手反应正确次数	1	0.893	25	0.013
	2	0.906	38	0.004
左脚反应时	1	0.956	25	0.342
	2	0.934	38	0.027
左脚反应正确次数	1	0.939	25	0.137
	2	0.924	38	0.013

续表

—	组别	Shapiro–Wilk		
		统计	df	显著性
右脚反应时	1	0.976	25	0.806
	2	0.958	38	0.158
右脚反应正确次数	1	0.862	25	0.003
	2	0.942	38	0.048
注意的分配	1	0.949	25	0.242
	2	0.961	38	0.208
注意的广度	1	0.967	25	0.575
	2	0.959	38	0.182
注意的稳定性	1	0.892	25	0.012
	2	0.919	38	0.009
注意的转移	1	0.905	25	0.024
	2	0.967	38	0.314
目标专注	1	0.930	25	0.086
	2	0.959	38	0.179
情绪控制	1	0.955	25	0.328
	2	0.981	38	0.750
积极认知	1	0.925	25	0.068
	2	0.900	38	0.003
家庭支持	1	0.794	25	0.000
	2	0.945	38	0.062
人际协助	1	0.970	25	0.633
	2	0.964	38	0.059

表5–97　方差齐性检验

—	Levene 统计	df1	df2	显著性
左手反应时	1.188	1	61	0.280
左手反应正确次数	10.481	1	61	0.002
右手反应时	4.761	1	61	0.033
右手反应正确次数	2.906	1	61	0.093
左脚反应时	22.293	1	61	0.000
左脚反应正确次数	11.675	1	61	0.001
右脚反应时	13.907	1	61	0.000
右脚反应正确次数	2.659	1	61	0.108
注意的分配	6.378	1	61	0.014
注意的广度	0.742	1	61	0.392
注意的稳定性	0.165	1	61	0.686
注意的转移	0.809	1	61	0.372
目标专注	9.033	1	61	0.004
情绪控制	8.591	1	61	0.005
积极认知	5.956	1	61	0.018
家庭支持	9.452	1	61	0.003
人际协助	7.199	1	61	0.009

表5–98　检验统计a（1）

—	左手反应时	左手反应正确次数	右手反应时	右手反应正确次数	左脚反应时	左脚反应正确次数	右脚反应时	右脚反应正确次数
Mann–Whitney U	412.000	329.000	415.000	344.500	321.000	328.000	342.000	249.000
Wilcoxon W	737.000	1070.000	740.000	1085.500	646.000	1069.000	667.000	990.000

续表

—	左手反应时	左手反应正确次数	右手反应时	右手反应正确次数	左脚反应时	左脚反应正确次数	右脚反应时	右脚反应正确次数
z值	−0.885	−2.142	−0.843	−1.866	−2.164	−2.100	−1.869	−3.235
渐近显著性（双尾）	0.376	0.032	0.399	0.062	0.030	0.036	0.062	0.001

表5–99　检验统计a（2）

—	目标专注	情绪控制	积极认知	家庭支持	人际协助	注意的分配	注意的稳定性	注意的转移
Mann–Whitney U	310.000	316.500	449.000	321.000	247.000	294.000	368.000	445.500
Wilcoxon W	1051.000	1057.500	1190.000	1062.000	988.000	1035.000	1109.000	1186.500
z值	−2.332	−2.237	−0.371	−2.181	−3.214	−2.549	−1.510	−0.415
渐近显著性（双尾）	0.020	0.025	0.710	0.029	0.001	0.011	0.131	0.678

由表5–100、表5–101优秀组与一般组后卫球员心理特征测试结果的比较可以看出，两组不同竞技能力的后卫球员在反映心理韧性方面的目标专注、情绪控制、家庭支持、人际协助四个维度上存在显著性差异，且均表现为优秀组好于一般组；在反映注意力的四项测试中有注意的分配、注意的广度两个指标在两组运动员之间差异显著；在反映反应时的各项指标中仅仅在左手反应时、右手反应时、右脚反应时上差异性无统计学意义，其余的各项反应时指标均具有显著性差异，且均表现为优秀组好于一般组。

表5–100　优秀组与一般组后卫球员心理特征测试结果比较（1）

测试指标	优秀组	一般组	t值	p值
注意的广度	104.36±20.83	91.21±23.01	2.303	$p<0.05$

表5-101 优秀组与一般组后卫球员心理特征测试结果比较（2）

测试指标	优秀组	一般组	z值	p值
目标专注	21.64±1.82	19.79±3.24	-2.332	$p<0.05$
情绪控制	22.44±2.43	20.05±4.57	-2.237	$p<0.05$
积极认知	17.96±1.49	17.61±2.13	-0.371	$p>0.05$
家庭支持	25.96±2.72	23.53±4.37	-2.181	$p<0.05$
人际协助	23.88±2.49	20.61±4.82	-3.214	$p<0.01$
注意的分配	25.92±4.60	21.89±6.26	-2.549	$p<0.05$
注意的稳定性	17.72±4.13	16.00±4.59	-1.510	$p>0.05$
注意的转移	111.32±32.59	108.11±41.86	-0.415	$p>0.05$
左手反应时	461.72±70.07	489.63±96.55	-0.885	$p>0.05$
左手反应正确次数	9.24±0.83	8.34±1.67	-2.142	$p<0.05$
右手反应时	512.56±89.05	555.95±180.87	-0.843	$p>0.05$
右手反应正确次数	8.32±1.49	7.26±2.27	-1.866	$p>0.05$
左脚反应时	560.86±68.65	677.50±199.45	-2.164	$p<0.05$
左脚反应正确次数	6.92±1.32	5.63±2.24	-2.100	$p<0.05$
右脚反应时	536.59±70.13	610.27±144.19	-1.869	$p>0.05$
右脚反应正确次数	8.40±1.26	7.00±1.77	-3.235	$p<0.01$

（四）中场球员优秀组与一般组心理特征的分析

表5-102、表5-103为两组不同竞技能力的中场球员心理指标结果的正态性分布和方差齐性检验结果，样本量处在3～50，采用Shapiro-Wilk检验正态分布，可以看出两组不同水平中场球员的人际协助、注意的分配、注意的广度、注意的转移、左脚反应正确次数满足t检验的条件，故采用t检验方法对两组运动员进行显著性检验。其余心理指标都采用Mann-Whitney U检验，以判断两组中场球员之间是否存在显著性差异，

检验结果见表5-104、表5-105。

表5-102　正态性检验

—	组别	Shapiro-Wilk		
		统计	df	显著性
左手反应时	1	0.901	25	0.019
	2	0.735	34	0.000
左手反应正确次数	1	0.622	25	0.000
	2	0.849	34	0.000
右手反应时	1	0.802	25	0.000
	2	0.923	34	0.019
右手反应正确次数	1	0.878	25	0.006
	2	0.923	34	0.020
左脚反应时	1	0.774	25	0.000
	2	0.940	34	0.060
左脚反应正确次数	1	0.955	25	0.325
	2	0.960	34	0.245
右脚反应时	1	0.954	25	0.300
	2	0.825	34	0.000
右脚反应正确次数	1	0.877	25	0.006
	2	0.937	34	0.049
注意的分配	1	0.933	25	0.104
	2	0.955	34	0.169
注意的广度	1	0.953	25	0.293
	2	0.962	34	0.276
注意的稳定性	1	0.893	25	0.013
	2	0.861	34	0.000

续表

—	组别	Shapiro-Wilk		
		统计	df	显著性
注意的转移	1	0.968	25	0.583
	2	0.954	34	0.164
目标专注	1	0.907	25	0.026
	2	0.937	34	0.049
情绪控制	1	0.913	25	0.036
	2	0.949	34	0.116
积极认知	1	0.933	25	0.100
	2	0.876	34	0.001
家庭支持	1	0.897	25	0.016
	2	0.943	34	0.075
人际协助	1	0.970	25	0.652
	2	0.969	34	0.443

表5-103　方差齐性检验

—	Levene 统计	df1	df2	显著性
左手反应时	0.431	1	57	0.514
左手反应正确次数	0.364	1	57	0.549
右手反应时	0.450	1	57	0.505
右手反应正确次数	10.107	1	57	0.002
左脚反应时	6.124	1	57	0.016
左脚反应正确次数	1.131	1	57	0.292
右脚反应时	0.951	1	57	0.334
右脚反应正确次数	4.432	1	57	0.040
注意的分配	2.094	1	57	0.153

续表

—	Levene 统计	df1	df2	显著性
注意的广度	3.002	1	57	0.089
注意的稳定性	12.051	1	57	0.001
注意的转移	2.046	1	57	0.158
目标专注	1.202	1	57	0.278
情绪控制	2.142	1	57	0.149
积极认知	3.091	1	57	0.084
家庭支持	18.194	1	57	0.000
人际协助	2.161	1	57	0.147

表5-104　检验统计a（1）

—	左手反应时	左手反应正确次数	右手反应时	右手反应正确次数	左脚反应时	右脚反应时	右脚反应正确次数
Mann-Whitney U	409.000	346.500	323.000	273.500	291.000	339.000	244.500
Wilcoxon W	734.000	941.500	648.000	868.500	616.000	664.000	839.500
*z*值	-0.245	-1.264	-1.565	-2.373	-2.056	-1.319	-2.830
渐近显著性（双尾）	0.806	0.206	0.118	0.018	0.040	0.187	0.005

表5-105　检验统计a（2）

—	注意的稳定性	目标专注	情绪控制	积极认知	家庭支持
Mann-Whitney U	354.000	226.000	276.000	406.500	265.500
Wilcoxon W	949.000	821.000	871.000	731.500	860.500
*z*值	-1.104	-3.084	-2.302	-0.288	-2.471
渐近显著性（双尾）	0.270	0.002	0.021	0.773	0.013

由表5-106、表5-107优秀组与一般组中场球员心理特征测试结果的

比较可以看出，两组不同竞技能力的中场球员在目标专注、情绪控制、家庭支持、人际协助四个维度上存在显著性差异，与后卫球员表现出同样的趋势，且均表现为优秀组好于一般组；在反映注意力的四项测试中有注意的分配、注意的转移两个指标在两组运动员之间差异显著；在反映反应时的各项指标中仅仅在左手反应时、右手反应时、右脚反应时、右手反应正确次数、右脚反应正确次数具有显著性差异，且均表现为优秀组好于一般组，其他的指标在两组运动员之间的差异无统计学意义。

表5–106　优秀组与一般组中场球员心理特征测试结果比较（1）

测试指标	优秀组	一般组	t值	p值
人际协助	22.04±3.53	19.56±4.91	2.148	$p<0.05$
注意的分配	26.40±5.94	21.74±5.03	3.259	$p<0.01$
注意的广度	105.08±17.17	98.88±22.89	1.138	$p>0.05$
注意的转移	126.24±23.88	101.94±32.55	3.157	$p<0.01$
左脚反应正确次数	6.36±1.75	5.97±1.98	0.784	$p>0.05$

表5–107　优秀组与一般组中场球员心理特征测试结果比较（2）

测试指标	优秀组	一般组	z值	p值
目标专注	20.40±2.00	18.44±2.63	–3.084	$p<0.01$
情绪控制	22.72±2.75	20.15±4.52	–2.302	$p<0.05$
积极认知	17.44±1.85	17.35±2.63	–0.288	$p>0.05$
家庭支持	26.24±1.74	23.94±3.58	–2.471	$p<0.05$
注意的稳定性	19.44±2.80	17.41±4.72	–1.104	$p>0.05$
左手反应时	461.72±70.07	489.63±96.55	–0.245	$p>0.05$
左手反应正确次数	9.24±0.83	8.34±1.67	–1.264	$p>0.05$
右手反应时	512.56±89.05	555.95±180.87	–1.565	$p>0.05$

续表

测试指标	优秀组	一般组	z值	p值
右手反应正确次数	8.32±1.49	7.26±2.27	-2.373	$p<0.05$
左脚反应时	560.86±68.65	677.50±199.45	-2.056	$p<0.05$
右脚反应时	536.59±70.13	610.27±144.19	-1.319	$p>0.05$
右脚反应正确次数	8.40±1.26	7.00±1.77	-2.830	$p<0.01$

（五）前锋球员优秀组与一般组心理特征的分析

表5–108、表5–109为两组不同竞技能力的前锋球员心理指标结果的正态性分布和方差齐性检验结果，样本量处在3～50，采用Shapiro–Wilk检验正态分布，可以看出两组不同水平前锋球员有目标专注、人际协助、注意的分配、注意的广度、注意的转移满足t检验的条件，故采用t检验方法对两组运动员进行显著性检验。其余心理指标都采用Mann–Whitney U检验，以判断两组前锋球员是否存在显著性差异，检验结果见表5–110、表5–111。

表5–108　正态性检验

—	组别	Shapiro–Wilk		
		统计	df	显著性
左手反应时	1	0.915	17	0.122
	2	0.757	19	0.000
左手反应正确次数	1	0.721	17	0.000
	2	0.770	19	0.000
右手反应时	1	0.933	17	0.245
	2	0.776	19	0.001
右手反应正确次数	1	0.823	17	0.004
	2	0.753	19	0.000

续表

一	组别	Shapiro–Wilk		
		统计	df	显著性
左脚反应时	1	0.967	17	0.765
	2	0.872	19	0.016
左脚反应正确次数	1	0.894	17	0.054
	2	0.925	19	0.138
右脚反应时	1	0.945	17	0.382
	2	0.830	19	0.003
右脚反应正确次数	1	0.799	17	0.002
	2	0.906	19	0.062
注意的分配	1	0.943	17	0.357
	2	0.965	19	0.666
注意的广度	1	0.918	17	0.134
	2	0.916	19	0.097
注意的稳定性	1	0.918	17	0.135
	2	0.813	19	0.002
注意的转移	1	0.941	17	0.336
	2	0.967	19	0.721
目标专注	1	0.924	17	0.175
	2	0.963	19	0.632
情绪控制	1	0.939	17	0.302
	2	0.906	19	0.061
积极认知	1	0.919	17	0.144
	2	0.887	19	0.029
家庭支持	1	0.921	17	0.154
	2	0.888	19	0.030

续表

—	组别	Shapiro–Wilk		
		统计	df	显著性
人际协助	1	0.921	17	0.154
	2	0.976	19	0.889

表5–109　方差齐性检验

—	Levene 统计	df1	df2	显著性
左手反应时	0.474	1	34	0.496
左手反应正确次数	2.935	1	34	0.096
右手反应时	3.532	1	34	0.069
右手反应正确次数	3.026	1	34	0.091
左脚反应时	1.989	1	34	0.168
左脚反应正确次数	5.872	1	34	0.021
右脚反应时	0.271	1	34	0.606
右脚反应正确次数	12.813	1	34	0.001
注意的分配	0.181	1	34	0.673
注意的广度	0.545	1	34	0.465
注意的稳定性	20.350	1	34	0.000
注意的转移	0.102	1	34	0.751
目标专注	0.991	1	34	0.327
情绪控制	10.193	1	34	0.003
积极认知	6.673	1	34	0.014
家庭支持	2.749	1	34	0.107
人际协助	0.406	1	34	0.528

表5-110　检验统计a（1）

—	左手反应时	左手反应正确次数	右手反应时	右手反应正确次数	左脚反应时	右脚反应时	右脚反应正确次数
Mann-Whitney U	147.000	141.000	104.000	125.000	119.000	87.000	90.000
Wilcoxon W	300.000	331.000	257.000	315.000	272.000	240.000	280.000
z值	-0.460	-0.721	-1.823	-1.213	-1.347	-2.361	-2.341
渐近显著性（双尾）	0.646	0.471	0.068	0.225	0.178	0.018	0.019
精确显著性[2*（单尾显著性）]	0.661b	0.531b	0.071b	0.257b	0.186b	0.018b	0.023b

表5-111　检验统计a（2）

—	左脚反应正确次数	注意的稳定性	情绪控制	积极认知	家庭支持
Mann-Whitney U	160.500	95.500	80.000	137.500	70.500
Wilcoxon W	350.500	285.500	270.000	327.500	260.500
z值	-0.032	-2.128	-2.591	-0.772	-2.902
渐近显著性（双尾）	0.974	0.033	0.010	0.440	0.004
精确显著性[2*（单尾显著性）]	0.975b	0.035b	0.009b	0.452b	0.003b

从表5-112、表5-113的优秀组与一般组前锋球员心理特征测试结果的比较可以看出，两组不同竞技能力的前锋球员在目标专注、情绪控制、家庭支持、人际协助四个维度上存在显著性差异，且均表现为优秀组好于一般组，这与守门员、后卫、中场位置球员均表现出同样的趋势；反映注意力的四项不同测试指标在两组运动员之间均差异显著，表现为优秀组好于一般组；在反映反应时的各项指标中仅在右脚反应时、右脚反应正确次

数上差异显著，表现为优秀组好于一般组，同时，其余的各项反应时指标在两组运动员之间的差异性均无统计学意义。

表 5–112　优秀组与一般组前锋球员心理特征测试结果比较（1）

测试指标	优秀组	一般组	t值	p值
目标专注	21.59±2.27	18.79±2.92	3.187	$p<0.01$
人际协助	23.18±4.28	18.95±3.61	3.216	$p<0.05$
注意的分配	27.88±5.34	22.63±5.82	2.809	$p<0.01$
注意的广度	105.71±17.04	90.68±19.06	2.481	$p<0.05$
注意的转移	136.00±33.67	106.21±40.64	2.378	$p<0.05$

表 5–113　优秀组与一般组前锋球员心理特征测试结果比较（2）

测试指标	优秀组	一般组	z值	p（双侧）
情绪控制	23.82±2.92	19.0±5.70	–2.591	$p<0.05$
积极认知	17.29±2.09	16.42±3.12	0.440	$p>0.05$
家庭支持	26.12±1.93	22.74±4.60	–2.902	$p<0.01$
注意的稳定性	20.65±1.94	17.05±4.93	–2.128	$p<0.05$
左手反应时	436.86±60.47	473.79±83.95	–0.460	$p>0.05$
左手反应正确次数	9.47±0.72	9.11±1.20	–0.721	$p>0.05$
右手反应时	480.05±101.30	597.11±181.52	–1.823	$p>0.05$
右手反应正确次数	8.59±1.18	7.68±2.31	–1.213	$p>0.05$
左脚反应时	570.81±115.78	664.56±198.43	–1.347	$p>0.05$
左脚反应正确次数	7.06±1.39	6.68±2.58	–0.032	$p>0.05$
右脚反应时	526.71±105.26	627.54±127.76	–2.361	$p<0.05$
右脚反应正确次数	9.24±0.75	7.74±2.02	–2.341	$p<0.05$

注意是心理活动对一定对象的指向和集中，是心理活动的重要组成

部分，若没有注意的参与，任何活动都将无法维持与进行[①]。足球比赛中，注意力对于场上足球运动员来讲，是一种内隐的心理品质，它是保证球员个人技术水平发展、球队整体竞技能力提高、球队获得比赛胜利的重要心理品质之一。不论职业队还是青少年队的教练员、科研人员都意识到注意力对于足球运动的重要性，曾经的“黑色三分钟”其实不仅仅是我们的足球运动员体能下降的问题，注意力不集中也是导致球队失利的重要原因之一。但仅仅依靠教练员、球探在训练场或者比赛场边的主观观察和评定还是远远不够的，本研究采用经学者殷恒婵[②][③]证实具有较好测验效度的注意力测量方法对各位置的运动员均进行了测试，并发现在注意力方面两组不同水平运动员之间确实存在显著性差异，尽管某些位置的部分测验结果没有呈现显著性差异，但表现出优秀组好于一般组的趋势，说明注意力的测试指标可以作为青少年足球运动员的选材指标。

心理韧性是个体经历过或正在经历严重压力或者逆境时，危险因子、资源因子及心理社会功能诸因子间复杂、动态相互作用在时间进程中显露出来的积极发展/适应表征，表现为个人面对生活逆境、创伤、悲剧、威胁或其他重大压力时的良好适应力和“反弹能力”[④]。足球运动员在训练和比赛中的运动表现不仅仅是其竞技能力的反馈，同时是受到运动员多方面的个人因素共同影响的结果，国外学者Williams和Reilly（2000）曾提出天才足球运动员识别须在社会学层面综合考虑，运动员的家庭背景、父母支持、人际关系、社会经历等应作为选材指标体系的重要部分。足球运动员的全程性训练是一个漫长且艰难的过程，运动员不仅需要承受日复一日

---

① 章志光.心理学[M].北京：人民教育出版社，1997：26-30.

② 殷恒婵，张锋周，宋湘勤，等.优秀运动员注意力测量与评价研究[J].体育科学，2006，26（3）：58-63.

③ 殷恒婵.青少年注意力测验与评价指标的研究[J].中国体育科技，2003，39（3）：52-54.

④ 席居哲，左志宏，WU Wei.心理韧性研究诸进路[J].心理科学进展，2012，20（9）：1426-1447.

的训练负荷和赛场上的巨大压力，还需要承受生活中面临的困难和身处逆境时的不适。本研究采用心理韧性测验量表对各位置运动员进行测试，测试数据统计结果表明任何位置上的优秀组运动员与一般组运动员均在心理韧性的目标专注、情绪控制、人际协助、家庭支持四个维度上存在显著性差异，且表现为优秀组好于一般组，说明心理韧性可以作为足球运动员选材的心理指标之一，选材时注意挑选那些具有良好心理韧性的运动员。

反应时是指人体从接受外界信号刺激到做出反应所需要的时间，它是足球运动员掌握和运用各项技术动作的基础条件，尤其是足球等非周期性运动项目中运动员的复杂反应能力。有研究① 提出，不同于周期性运动项目，对抗性的非周期项目对反应时要求较高，运动员的反应时优于普通人。同时，反应时的遗传度高达86%，在后天训练中可提高的空间较小，因此，反应时可作为青少年足球运动员的心理选材指标之一。本研究可见两组足球运动员反应时的测试结果不同，主要表现在优秀组好于一般组，且部分指标具有显著性差异，守门员位置的差异体现在手和脚的反应时间、正确次数上，后卫、中场、前锋位置上具有显著性差异的指标主要是在脚反应时、正确次数上，这可能是守门员位置的特殊性造成的。

在本部分研究中，两组不同竞技能力运动员之间具有显著性差异的心理指标均反映心理韧性、注意力、反应时方面，但是因位置不同而有所差异，因此，对该年龄足球运动员进行选材时，应该根据位置的不同选取不同的心理测试指标，以提高选材的科学性。

六、技术特征

运动技术是指运动员充分发挥人体的各项机能的同时，运用的合理且有效完成动作的方法。由于在实际测试中，运动员防守技术的评定过多地

① 马启伟，张力为.体育运动心理学[M].杭州：浙江教育出版社，1998：287-390.

受到进攻队员能力的影响，而无法使受试运动员在相对封闭的环境中较为客观地对其真实水平进行反映，故在下面的研究中采用比赛技战术表现评定的方式进行。本研究主要对运动员进行控球、传球、射门等方面的测试，整个测试过程尽最大可能减少外界因素的干扰，主要统计了运动员非优势脚短传、优势脚短传、非优势脚长传、优势脚长传、短传总得分、长传总得分、非优势脚射门、优势脚射门、射门总得分、组合技术所用时间等指标测试结果，并对两组不同水平的运动员进行对比分析。

（一）不同位置球员技术特征的分析

由表5–114四个位置运动员专项技术测试数据的方差分析结果可见，在四个位置的运动员之间，主要在非优势脚短传、非优势脚射门、优势脚射门、射门总得分、组合技术时间几项指标的测试结果上存在显著性差异。其他的专项技术指标在不同位置之间也存在一定的差别，比如优势脚短传呈现出中场好于前锋好于后卫好于守门员，非优势脚长传呈现中场好于守门员好于前锋好于后卫等。由于受位置影响明显，因此，在进行17岁足球运动员选材指标构建时，首先应根据位置进行专项技术选材指标的有效甄别。

表5–114　不同位置之间技术指标的比较

测试指标	守门员	后卫	中场	前锋	F值	p值
非优势脚短传	4.36±1.70a	3.63±1.99b	3.07±1.50b	3.61±1.63b	3.619	$p<0.05$
优势脚短传	4.11±2.06a	4.17±1.57a	4.71±1.59a	4.47±1.54a	1.406	$p>0.05$
短传总得分	8.46±3.05a	7.81±2.7a	7.78±2.49a	8.08±2.35a	0.532	$p>0.05$
非优势脚长传	1.04±1.45a	0.98±1.13a	1.49±1.37a	1.00±1.10a	2.070	$p>0.05$

续表

测试指标	守门员	后卫	中场	前锋	F值	p值
优势脚长传	1.75±1.30a	1.92±1.59a	1.80±1.60a	2.14±1.61a	0.461	$p>0.05$
长传总得分	2.79±2.08a	2.90±2.12a	3.29±2.52a	3.14±2.18a	0.451	$p>0.05$
非优势脚射门	2.61±1.32bc	3.59±1.71a	2.61±1.25c	3.19±1.58ab	5.361	$p<0.01$
优势脚射门	2.25±1.58b	3.43±1.79a	3.92±1.29a	3.64±1.81a	6.911	$p<0.01$
射门总得分	4.86±2.01b	7.02±2.57a	6.53±1.74a	6.83±2.62a	6.259	$p<0.01$
组合技术时间	88.72±15.22a	79.71±8.52b	79.50±10.01b	81.25±10.40b	5.638	$p<0.01$

（二）守门员优秀组与一般组技术特征的分析

表5–115为两组不同竞技能力的守门员技术指标结果的正态性分布检验结果，样本量处在3～50，采用Shapiro–Wilk检验正态分布，可以看出两组不同水平守门员所有技术指标均不能满足t检验的条件，故技术指标都采用Mann–Whitney U检验，以判断两组守门员是否存在显著性差异，检验结果见表5–116、表5–117。

表5–115　正态性检验

—	组别	Shapiro–Wilk		
		统计	df	显著性
左脚短传	1	0.778	13	0.004
	2	0.777	15	0.002
右脚短传	1	0.855	13	0.033
	2	0.779	15	0.002

续表

—	组别	Shapiro–Wilk		
		统计	df	显著性
短传总得分	1	0.882	13	0.077
	2	0.786	15	0.002
左脚长传	1	0.831	13	0.016
	2	0.561	15	0.000
右脚长传	1	0.808	13	0.008
	2	0.900	15	0.097
长传总得分	1	0.905	13	0.154
	2	0.866	15	0.029
左脚射门	1	0.810	13	0.009
	2	0.651	15	0.000
右脚射门	1	0.847	13	0.026
	2	0.807	15	0.004
射门总得分	1	0.865	13	0.045
	2	0.827	15	0.008
组合技术时间	1	0.910	13	0.185
	2	0.780	15	0.002
手抛球	1	0.790	13	0.005
	2	0.885	15	0.057
踢手抛球	1	0.814	13	0.010
	2	0.823	15	0.007

表5-116　检验统计a（1）

—	非优势脚短传	优势脚短传	短传总得分	非优势脚长传	优势脚长传	长传总得分	非优势脚射门
Mann-Whitney U	78.500	96.000	76.000	31.000	87.500	50.000	46.500
Wilcoxon W	169.500	187.000	167.000	151.000	207.500	170.000	137.500
z值	−0.944	−0.072	−1.010	−3.315	−0.474	−2.219	−2.435
渐近显著性（双尾）	0.345	0.942	0.313	0.001	0.635	0.027	0.015
精确显著性[2*（单尾显著性）]	0.387b	0.964b	0.339b	0.002b	0.650b	0.029b	0.017b

表5-117　检验统计a（2）

—	优势脚射门	射门总得分	组合技术时间	手抛球	踢手抛球
Mann-Whitney U	73.500	39.000	57.000	47.000	76.000
Wilcoxon W	164.500	130.000	148.000	167.000	196.000
z值	−1.170	−2.756	−1.870	−2.337	−0.996
渐近显著性（双尾）	0.242	0.006	0.061	0.019	0.319
精确显著性[2*（单尾显著性）]	0.274b	0.006b	0.065b	0.019b	0.339b

由表5-118优秀组与一般组守门员技术指标测试结果的比较可以看出：两组不同竞技能力的守门员在短传球技术方面不存在显著性差异；在长传球技术上非优势脚长传得分、长传总得分存在显著性差异，且均表现为优秀组好于一般组。在设计的组合测试中包含射门，因此，本研究中对守门员也进行了射门指标的统计，尽管两组守门员之间在非优势脚射门和射门总得分上存在显著性差异，但是结合足球运动的专项特点，删除此项指标。在反映守门员位置特征的手抛球和空中踢手抛球两项指标上，表现为优秀组好于一般组，但仅在手抛球指标上存在显著性差异。

表5-118　优秀组与一般组守门员技术特征测试结果比较

测试指标	优秀组	一般组	z值	p（双侧）
非优势脚短传	3.92±1.891	4.73±1.486	-0.944	$p>0.05$
优势脚短传	4.23±1.739	4.00±2.360	-0.072	$p>0.05$
短传总得分	8.15±2.154	8.73±3.712	-1.010	$p>0.05$
非优势脚长传	1.92±1.706	0.27±0.458	-3.315	$p<0.01$
优势脚长传	1.85±1.214	1.67±1.397	-0.474	$p>0.05$
长传总得分	3.77±2.351	1.93±1.387	-2.219	$p<0.05$
非优势脚射门	2.00±1.080	3.13±1.302	-2.435	$p<0.05$
优势脚射门	1.77±1.423	2.67±1.633	-1.170	$p>0.05$
射门总得分	3.77±1.423	5.80±2.007	-2.756	$p<0.01$
组合技术时间	82.59±11.06	94.03±16.64	-1.870	$p>0.05$
手抛球	33.6±3.7	31.6±2.0	-2.337	$p<0.05$
踢手抛球	42.5±6.2	42.2±2.5	-0.996	$p>0.05$

（三）后卫球员优秀组与一般组技术特征的分析

表5-119、表5-120为两组不同竞技能力的后卫球员技术指标结果的正态性分布和方差齐性检验结果，样本量处在3～50，采用Shapiro-Wilk检验正态分布，可以看出两组不同水平守门员仅仅有射门总得分满足t检验的条件，而其他的技术指标都采用Mann-Whitney U检验以判断两组后卫球员是否存在显著性差异，检验结果见表5-121、表5-122。

表5-119　正态性检验

—	组别	Shapiro-Wilk		
		统计	df	显著性
左脚短传	1	0.862	25	0.003
	2	0.817	38	0.000

续表

一	组别	Shapiro–Wilk		
		统计	df	显著性
右脚短传	1	0.840	25	0.001
	2	0.904	38	0.003
短传总得分	1	0.934	25	0.106
	2	0.945	38	0.063
左脚长传	1	0.872	25	0.005
	2	0.618	38	0.000
右脚长传	1	0.926	25	0.072
	2	0.823	38	0.000
长传总得分	1	0.948	25	0.227
	2	0.901	38	0.003
左脚射门	1	0.866	25	0.004
	2	0.878	38	0.001
右脚射门	1	0.934	25	0.110
	2	0.888	38	0.001
射门总得分	1	0.953	25	0.293
	2	0.951	38	0.099
组合技术时间	1	0.930	25	0.087
	2	0.957	38	0.156

表5–120　方差齐性检验

一	Levene 统计	df1	df2	显著性
左脚短传	2.941	1	61	0.091
右脚短传	0.330	1	61	0.568

续表

—	Levene 统计	df1	df2	显著性
短传总得分	4.799	1	61	0.032
左脚长传	0.022	1	61	0.882
右脚长传	0.033	1	61	0.856
长传总得分	0.000	1	61	0.993
左脚射门	0.077	1	61	0.782
右脚射门	1.093	1	61	0.300
射门总得分	0.100	1	61	0.753
组合技术时间	0.189	1	61	0.665

表5-121　检验统计a（1）

—	左脚短传	右脚短传	短传总得分	左脚长传	右脚长传
Mann-Whitney U	396.000	358.000	362.500	215.000	325.500
Wilcoxon W	1137.000	1099.000	1103.500	956.000	1066.500
z值	-1.142	-1.704	-1.596	-3.933	-2.144
渐近显著性（双尾）	0.253	0.088	0.110	0.000	0.032

表5-122　检验统计a（2）

—	长传总得分	左脚射门	右脚射门	组合技术时间
Mann-Whitney U	243.000	315.500	341.000	230.500
Wilcoxon W	984.000	640.500	666.000	555.500
z值	-3.294	-2.288	-1.927	-3.435
渐近显著性（双尾）	0.001	0.022	0.054	0.001

由表5-123、表5-124优秀组与一般组后卫球员技术指标测试结果的比较可以看出，两组不同竞技能力的后卫球员在非优势脚长传、优势脚长

传、长传球总得分上均表现为优秀组好于一般组，且两组之间的差异非常显著；在非优势脚短传、优势脚短传、短传总得分上表现为优秀组好于一般组，但是其差异性无统计学意义；在非优势脚射门、优势脚射门、射门总得分、组合技术时间上表现为一般组好于优秀组，在优势脚射门上的差异性无统计学意义。

表5–123　优秀组与一般组后卫球员技术特征测试结果比较（1）

测试指标	优秀组	一般组	t值	p值
射门总得分	5.92±2.290	7.74±2.511	–2.907	$p<0.01$

表5–124　优秀组与一般组后卫球员技术特征测试结果比较（2）

测试指标	优秀组	一般组	z值	p（双侧）
非优势脚短传	3.96±1.814	3.42±2.088	–1.142	$p>0.05$
优势脚短传	4.64±1.287	3.87±1.679	–1.704	$p>0.05$
短传总得分	8.60±2.082	7.29±2.949	–1.596	$p>0.05$
非优势脚长传	1.60±0.957	0.58±1.056	–3.933	$p<0.01$
优势脚长传	2.36±1.469	1.63±1.618	–2.144	$p<0.05$
长传总得分	3.96±1.968	2.21±1.947	–3.294	$p<0.01$
非优势脚射门	3.00±1.581	3.97±1.700	–2.288	$p<0.05$
优势脚射门	2.92±1.525	3.76±1.895	–1.927	$p>0.05$
组合技术时间	75.44±6.82	82.52±8.42	–3.435	$p<0.01$

（四）中场球员优秀组与一般组技术特征的分析

表5–125、表5–126为两组不同竞技能力的中场球员技术指标结果的正态性分布和方差齐性检验结果，样本量处在3～50，采用Shapiro–Wilk检验正态分布，可以看出两组不同水平中场球员仅仅有短传总得分满足t检验的条件，而其他的技术指标都采用Mann–Whitney U检验，以判断两

组中场球员是否存在显著性差异，检验结果见表5-127、表5-128。

表5-125　正态性检验

—	组别	Shapiro-Wilk		
		统计	df	显著性
左脚短传	1	0.894	25	0.013
	2	0.900	34	0.005
右脚短传	1	0.698	25	0.000
	2	0.847	34	0.000
短传总得分	1	0.943	25	0.177
	2	0.970	34	0.449
左脚长传	1	0.936	25	0.120
	2	0.784	34	0.000
右脚长传	1	0.952	25	0.282
	2	0.794	34	0.000
长传总得分	1	0.925	25	0.068
	2	0.872	34	0.001
左脚射门	1	0.908	25	0.028
	2	0.875	34	0.001
右脚射门	1	0.884	25	0.008
	2	0.900	34	0.005
射门总得分	1	0.897	25	0.016
	2	0.935	34	0.043
组合技术时间	1	0.965	25	0.520
	2	0.950	34	0.125

表 5–126　方差齐性检验

—	Levene 统计	df1	df2	显著性
左脚短传	0.007	1	57	0.934
右脚短传	4.547	1	57	0.037
短传总得分	0.093	1	57	0.761
左脚长传	1.831	1	57	0.181
右脚长传	0.309	1	57	0.580
长传总得分	1.218	1	57	0.274
左脚射门	0.885	1	57	0.351
右脚射门	0.049	1	57	0.826
射门总得分	0.279	1	57	0.599
组合技术时间	5.066	1	57	0.028

表 5–127　检验统计 a（1）

—	非优势脚短传	优势脚短传	非优势脚长传	优势脚长传	长传总得分
Mann–Whitney U	304.500	306.500	176.500	248.000	162.500
Wilcoxon W	899.500	901.500	771.500	843.000	757.500
z值	–1.938	–1.960	–3.932	–2.784	–4.063
渐近显著性（双尾）	0.053	0.050	0.000	0.005	0.000

表 5–128　检验统计 a（2）

—	射门总得分	非优势脚射门	优势脚射门	组合技术时间
Mann–Whitney U	345.500	287.500	399.500	261.000
Wilcoxon W	940.500	882.500	724.500	586.000
z值	–1.239	–2.187	–0.409	–2.516
渐近显著性（双尾）	0.215	0.029	0.683	0.012

由表5–129、表5–130优秀组与一般组中场球员技术指标测试结果的比较可以看出，两组不同竞技能力的中场球员在非优势脚短传、优势脚短传、短传总得分上均表现为优秀组好于一般组，但只在优势脚短传和短传总得分两个指标上两组存在显著性差异；在非优势脚长传、优势脚长传、长传总得分上表现为优秀组好于一般组，且两组之间的差异非常显著；在非优势脚射门、优势脚射门、射门总得分上表现为优秀组好于一般组，但仅在非优势脚射门指标上存在显著性差异，而其他两项差异性无统计学意义；组合技术时间上表现出优秀组好于一般组，且具有显著性差异。

表5–129　优秀组与一般组中场球员技术特征测试结果比较（1）

测试指标	优秀组	一般组	t值	p值
短传总得分	8.72±2.246	7.09±2.454	2.615	$p<0.05$

表5–130　优秀组与一般组中场球员技术特征测试结果比较（2）

测试指标	优秀组	一般组	z值	p（双侧）
非优势脚短传	3.52±1.475	2.74±1.442	–1.938	$p>0.05$
优势脚短传	5.20±1.225	4.35±1.739	–1.960	$p<0.05$
非优势脚长传	2.32±1.345	0.88±1.038	–3.932	$p<0.01$
优势脚长传	2.48±1.610	1.29±1.404	–2.784	$p<0.01$
长传总得分	4.80±2.345	2.18±2.037	–4.063	$p<0.01$
非优势脚射门	3.04±1.136	2.29±1.244	–2.187	$p<0.05$
优势脚射门	3.92±1.187	3.91±1.379	–0.409	$p>0.05$
射门总得分	6.96±1.695	6.21±1.719	–1.239	$p>0.05$
组合技术时间	75.37±6.32	82.54±11.16	–2.516	$p<0.05$

（五）前锋球员优秀组与一般组技术特征的分析

表5-131、表5-132为两组不同竞技能力的前锋球员技术指标结果的正态性分布检验结果，样本量处在3～50，采用Shapiro-Wilk检验正态分布，可以看出两组不同水平前锋球员短传总得分、优势脚长传球、优势脚射门、组合技术总得分技术指标均满足t检验的条件，故采用独立样本t检验进行差异检验，其他技术指标都采用Mann-Whitney U检验，以判断两组前锋球员是否存在显著性差异，检验结果见表5-133。

表5-131　正态性检验

—	组别	Shapiro-Wilk		
		统计	df	显著性
左脚短传	1	0.830	17	0.005
	2	0.905	19	0.061
右脚短传	1	0.703	17	0.000
	2	0.861	19	0.010
短传总得分	1	0.920	17	0.146
	2	0.908	19	0.069
左脚长传	1	0.869	17	0.021
	2	0.727	19	0.000
右脚长传	1	0.920	17	0.147
	2	0.907	19	0.064
长传总得分	1	0.941	17	0.332
	2	0.890	19	0.032
左脚射门	1	0.937	17	0.283
	2	0.830	19	0.003

续表

—	组别	Shapiro–Wilk		
		统计	df	显著性
右脚射门	1	0.917	17	0.131
	2	0.917	19	0.101
射门总得分	1	0.861	17	0.016
	2	0.960	19	0.581
组合技术时间	1	0.937	17	0.282
	2	0.974	19	0.861

表 5–132　方差齐性检验

—	Levene 统计	df1	df2	显著性
左脚短传	0.419	1	34	0.522
右脚短传	1.049	1	34	0.313
短传总得分	2.728	1	34	0.108
左脚长传	0.190	1	34	0.666
右脚长传	3.070	1	34	0.089
长传总得分	0.606	1	34	0.442
左脚射门	4.238	1	34	0.047
右脚射门	3.558	1	34	0.068
射门总得分	4.487	1	34	0.042
组合技术时间	0.733	1	34	0.398

表 5–133　检验统计 a

—	非优势脚短传	优势脚短传	非优势脚长传	长传总得分	非优势脚射门	射门总得分
Mann–Whitney U	148.500	84.000	112.500	121.000	104.500	87.000
Wilcoxon W	338.500	274.000	302.500	311.000	294.500	277.000

续表

—	非优势脚短传	优势脚短传	非优势脚长传	长传总得分	非优势脚射门	射门总得分
z值	−0.430	−2.617	−1.646	−1.302	−1.864	−2.384
渐近显著性（双尾）	0.667	0.009	0.100	0.193	0.062	0.017
精确显著性[2*（单尾显著性）]	0.684b	0.013b	0.121b	0.208b	0.071b	0.018b

由表5–134、表5–135优秀组与一般组前锋球员技术指标测试结果的比较可以看出，两组不同竞技能力的前锋球员在非优势脚短传、优势脚短传、短传球总得分上均表现为优秀组好于一般组，在短传总得分指标上两组之间存在显著性差异；在非优势脚长传、优势脚长传、长传总得分上表现为优秀组好于一般组，但是两组之间的差异性无统计学意义；在非优势脚射门、优势脚射门、射门总得分上表现为优秀组好于一般组，但在射门总得分指标上存在显著性差异，而其他两项差异性无统计学意义；组合技术时间上表现出优秀组好于一般组，且具有显著性差异。

表5–134　优秀组与一般组前锋球员技术特征测试结果比较（1）

测试指标	优秀组	一般组	t值	p值
短传总得分	8.94±1.391	7.32±2.770	2.183	$p<0.05$
优势脚长传	2.47±1.875	1.84±1.302	1.178	$p>0.05$
优势脚射门	4.12±1.364	3.21±2.070	1.532	$p>0.05$
组合技术时间	76.74±8.53	85.30±10.45	−2.673	$p<0.05$

表5–135　优秀组与一般组前锋球员技术特征测试结果比较（2）

测试指标	优秀组	一般组	z值	p（双侧）
非优势脚短传	3.76±1.480	3.47±1.775	−0.430	$p>0.05$
优势脚短传	5.18±0.951	3.84±1.708	−2.617	$p<0.01$

续表

测试指标	优秀组	一般组	z值	p（双侧）
非优势脚长传	1.29±1.105	0.74±1.046	–1.646	$p>0.05$
长传总得分	3.76±2.437	2.58±1.805	–1.302	$p>0.05$
非优势脚射门	3.76±1.300	2.68±1.668	–1.864	$p>0.05$
射门总得分	7.88±1.764	5.89±2.942	–2.384	$p<0.05$

在本部分研究中，主要取得以下研究结果：一方面，在一定程度上说明我国青训教练员在对青少年运动员的足球训练中，较重视各位置球员全面技术的发展。另一方面，全程性训练过程的各个阶段虽然有其各自的训练重点内容，但相邻两个区间应该存在一个同时具备前后两个训练阶段的组织特点、实现训练过程流畅转换的链接区间。17岁足球运动员在经历了发展多种运动能力为主要任务的基础训练阶段、链接一区，进入专项提高阶段后，已经接受专项技战术训练，他们应该逐渐掌握一定的特长技术，比如前锋球员技术群中具有关键性作用的射门技术，中场球员技术群中的传球技术等，选材时应根据位置的不同重点评定其特长。

现代足球攻防转换快速，守门员在足球比赛中往往作为进攻发起点，其精准的长传球和手抛球是形成具有威胁性反击的有效手段①②，同时，前场压迫性防守对后场的层层递进组织进攻造成了较大的难度，2016年欧洲杯德国对阵意大利的比赛就说明了这点，双方中前场球员在对方后场的压迫导致后卫球员移动至本方底线接应守门员的传球，整个阵型的前压必然会导致后防出现较大的纵深空间，此时，守门员精准的长传球和手抛球不仅可以创造出有威胁的进攻，同时可以迫使对方阵型后撤，减小本方的控球压力，以便更好地控制比赛节奏。守门员在接应后卫球员主动和被

① 徐昌明.中超足球守门员的技术、战术统计与分析[J].山东体育学院学报，2011，27（3）：78–81.

② 胡德同，赵殿军.从第17届世界杯足球赛看守门员在进攻中的作用[J].中国体育科技，2004，40（4）：62–63.

动传球并面对对方球员的逼抢时，优势脚和非优势脚处理球的能力亦非常重要，较为平衡的双脚长传技术不仅可以确保本方球门的安全，同时也是本方发动快速反击和获得球权的关键。

在受位置影响的指标中，两组不同竞技能力水平的运动员之间具有显著性差异的专项技术指标均在短传球、长传球、射门、组合技术时间上有所体现，但是因位置不同而有所差异，优秀前锋球员识别的指标主要有短传总得分、射门总得分；优秀中场球员识别的指标有优势脚短传、短传总得分、非优势脚长传、优势脚长传、长传总得分、非优势脚射门；优秀后卫球员识别的指标主要有非优势脚长传、优势脚长传球、长传球总得分、组合技术时间。前锋球员处在球队阵型的最前沿，随着现代足球的发展，比赛对于前锋球员竞技能力的全面性和综合性要求逐渐提高。前锋球员在比赛中不仅仅承担着突破对方防线、攻击球门并完成得分的作用，同时，还需要其在一定情况下回撤拿球，组织本方的进攻，控制比赛节奏。中场球员大多数处在前锋和后卫之间的区域，在本方控球时主要负责组织进攻、控制进攻节奏、通过长传调动对方的防守重心、向锋线渗透性传球，其传球的准确性、射门的准确性是完成上述职责的基本条件。中场往往是比赛双方激烈争夺的区域，在狭小的空间里面对高压防守，球员需要在最快的时间内将球准确传给同伴，尤其是渗透性传球的时机稍纵即逝。因此，中场球员的双脚传球能力至关重要，进行过多的调整将会贻误战机。后卫球员在比赛中处在整体阵型的防守后方，其相对于其他位置的攻方队员更能判断比赛中的形势，有关研究表明中超联赛在全部位置中后卫球员向前传球次数最多，在面对对方的压迫防守或者密集防守时，长传球是后场球员采用较多的技术之一。现代足球打法赋予了后卫更多的场上职责，在对方控球进攻时他们主要负责防止对手突破，在本方控球时，相比之前现代后卫队员的活动范围扩大，中后卫和边后卫的前插进攻较为频繁。以4–2–3–1阵型为例，中场球员的回撤拿球组织进攻在一定程度上形成了三中卫，那么两名边后卫就可以前压参与进攻，给对方的防守造成较大压力，同时增加了本方持球队员的出球点，后卫队员的前插会形成较多的传中机会。也有研究结果提出[①]后卫球员每场传中约两次，成功率与中场球员持平，可见后卫球员精准的优势脚、非优势脚长传球的重要性。因此，对该年龄足球运动员进行选材时，应该根据位置的不同有侧重地选取相应的指标，即选取那些在相同位置上两组不同水平运动员之间具有显著性差异的指标，以提高选材的科学性。

七、小场地比赛技战术表现

足球运动员的战术能力结构较为复杂，对运动员在比赛中的表现影响较大，是足球运动员竞技能力的重要组成部分。我国足球学者黄竹杭研究提出，足球运动员战术行为决策的结果表现为场上所采取的行动，在采取行动之前运动员需要对场上环境进行知觉、做出判断、继而从记忆库中提取已有的经验图式与现实比赛场景进行比对[②]。战术行为[③]是运动员在比赛中为了达到预定的战术目的所采用的行为方式和动作的组合，是以运动员自身的技术、比赛经验、战术知识等为基础在比赛中的竞技表现。通过专家访谈，本研究在对优秀组和一般组运动员进行技战术方面的能力对比时，基于现代足球比赛原则，采用多名教练员临场对运动员在足球比赛三个时刻的战术行为完成质量评价。现代足球比赛的进攻原则为渗透－直接打法、支援－深度、移动－跑位、宽度－边路打法、突破－个人行为，防守原则为延缓－压迫、支援－保护、平衡、集中、控制对手与解围。临场比赛观察是获取具体信息的一种手段，以足球比赛原则为核心，基于专家

---

① 刘浩，朱琪林，姜鹏，等．中国足球协会超级联赛运动员比赛能力研究[J]．北京体育大学学报，2013，(4)：128-133.

② 黄竹杭．足球运动员战术意识的构建过程及训练策略设计[D].北京：北京体育大学，2004.

③ 田麦久.运动训练学[M].北京：人民体育出版社，1999：268-270.

指标初步筛选的意见，制定的初步比赛表现指标可以客观地反映场上运动员技战术行为的质量情况。见图5-1。

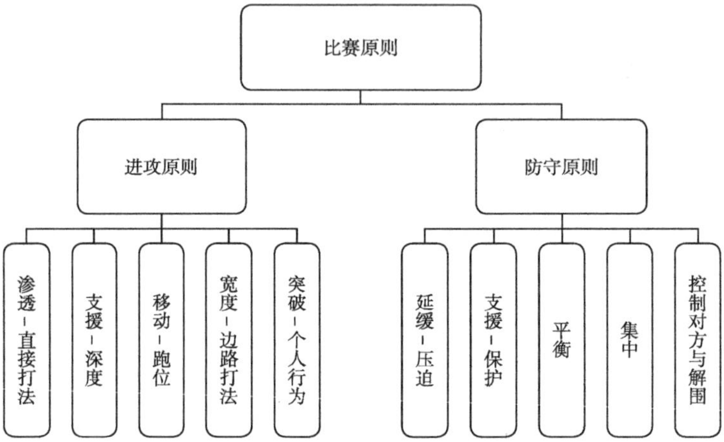

图5-1　足球比赛原则

研究①②③④表明小场地人数较少，相比11v11比赛，运动员在比赛中可以更多地接触球，完成更多的技战术行为，通过对于球门数量、场地尺寸等因素的调整可以在小场地比赛中使运动员的运动负荷相应变化，以达到训练的目标和要求。国际足联资料表明，与11人制足球比赛相比，5v5小场地比赛中运动员的触球次数可达到其5倍，11v11出现的频率约为

① 陈瑞宁，易星辛，杨三军．小场地比赛方法在青少年足球训练中的实验研究[J]．北京体育大学学报，2010（4）：60-62.

② JONES S，DRUST B. Physiological and technical demands of 4 v 4 and 8 v 8 in elite youth soccer players[J]. Kinesiology，2007，39（2）：150-156.

③ KÖKLÜ Y，AŞÇI A，KOÇAK F U，et al. Comparison of the physiological responses to different small-sided games in elite young soccer players[J]. Journal of strength & conditioning research，2011，25（6）：1522-1528.

④ FENNER J S，IGA J，UNNITHAN V. The evaluation of small-sided games as a talent identification tool in highly trained prepubertal soccer players.[J]. Journal of sports sciences，2016：1.

其3倍，守门员的技术能力表现次数和其他运动员的射门等技能表现频率均高于11人制足球比赛。11人制足球比赛中各区域的球员站位往往呈不规则的三角形，以利于移动和同伴之间的接应。小场地比赛的一方人数如果在3人以上，比如本研究所采用的5v5（每队守门员一名）小场地比赛，可以采用与11人制比赛区域内相似的站位，并通过不断地对运动员进攻和防守阵型的要求使其贴近比赛中的区域队形，使教练员对该球员的进攻和防守行为进行评估。

运动员战术表现评分的专家组由5名职业足球俱乐部青训梯队的足球教练构成，为了达到研究的要求，专家组需至少具备亚足联B级教练员证书，且在比赛之前进行大量的沟通与交流，以利于明确测试目标，以及各评价指标包含的内容。

（一）守门员优秀组与一般组小场地比赛技战术表现的分析

表5-136、表5-137为两组不同竞技水平的守门员小场地比赛技战术指标教练员评定结果的正态性分布和方差齐性检验结果，样本量处在3～50，采用Shapiro-Wilk检验正态分布，可以看出两组不同水平守门员仅仅在选位和接应同伴的移动上不满足t检验的条件，该两项指标采用Mann-Whitney U检验，以判断两组守门员是否存在显著性差异，检验结果分别见表5-138。

表5-136　正态性检验

—	组别	Shapiro-Wilk		
		统计	df	显著性
控球中的传球	1	0.974	6	0.918
	2	0.933	6	0.607
压力下的控球	1	0.921	6	0.514
	2	0.874	6	0.242

续表

—	组别	Shapiro–Wilk		
		统计	df	显著性
接应同伴的移动	1	0.743	6	0.017
	2	0.975	6	0.926
1v1 防守	1	0.866	6	0.210
	2	0.815	6	0.080
扑救	1	0.905	6	0.404
	2	0.826	6	0.099
接空中球	1	0.902	6	0.389
	2	0.891	6	0.324
出击	1	0.907	6	0.415
	2	0.907	6	0.415
选位	1	0.775	6	0.035
	2	0.800	6	0.059
向前手抛球	1	0.795	6	0.053
	2	0.948	6	0.721
向前长传球	1	0.927	6	0.554
	2	0.958	6	0.801

表 5–137　方差齐性检验

—	Levene 统计	df1	df2	显著性
控球中的传球	0.000	1	10	1.000
压力下的控球	3.052	1	10	0.111
接应同伴的移动	2.088	1	10	0.179
1v1 防守	0.062	1	10	0.809

续表

—	Levene 统计	df1	df2	显著性
扑救	0.031	1	10	0.863
接空中球	1.454	1	10	0.256
出击	4.500	1	10	0.060
选位	3.218	1	10	0.103
向前手抛球	0.007	1	10	0.933
向前长传球	2.083	1	10	0.180

表5-138　检验统计a

—	选位	接应同伴的移动
Mann-Whitney U	8.500	1.000
Wilcoxon W	29.500	22.000
z值	-1.571	-2.756
渐近显著性（双尾）	0.116	0.006
精确显著性[2*（单尾显著性）]	0.132b	0.004b

由表5-139、表5-140优秀组与一般组守门员小场地比赛技战术教练员评定结果的比较可以看出，两组不同竞技能力的守门员之间在本方进攻时的控球中的传球、压力下的控球、接应同伴传球的移动上均表现为优秀组好于一般组，且只在压力下的控球指标上两组之间存在不显著性差异；在对方控球时刻上，1v1防守、扑救、接空中球、出击、选位均表现为优秀组好于一般组，且在1v1防守、扑救、出击上两组运动员之间存在显著性差异，但在接空中球、选位上的表现两组之间的差异性无统计学意义；在攻防转换时刻，向前手抛球、向前长传球表现为优秀组好于一般组，但仅在向前手抛球指标上存在显著性差异。

表3-139 优秀组与一般组守门员小场地比赛技战术特征教练员评定结果比较（1）

指标	优秀组	一般组	t值	p值
控球中的传球	3.47±0.35	2.40±0.36	5.219	$p<0.01$
压力下的控球	2.63±0.27	2.47±0.55	0.672	$p>0.05$
1v1防守	4.03±0.34	3.30±0.37	3.532	$p<0.01$
扑救	4.13±0.45	3.17±0.46	3.665	$p<0.01$
接空中球	3.50±0.30	3.37±0.48	0.575	$p>0.05$
出击	4.13±0.24	2.87±0.48	5.729	$p<0.01$
向前手抛球	4.17±0.53	2.90±0.53	4.136	$p<0.01$
向前长传球	3.07±0.27	3.03±0.46	0.152	$p>0.05$

表5-140 优秀组与一般组守门员小场地比赛技战术特征教练员评定结果比较（2）

指标	优秀组	一般组	z值	p值
接应同伴传球的移动	3.87±0.58	2.83±0.41	−2.756	$p<0.01$
选位	3.43±0.20	3.13±0.35	−1.571	$p>0.05$

（二）后卫、中场、前锋球员优秀组与一般组小场地比赛技战术表现的分析

表5-141、表5-142为两组不同竞技水平的运动员小场地比赛技战术指标教练员评定结果的正态性分布和方差齐性检验结果，样本量处在3～50，采用Shapiro-Wilk检验正态分布，可以看出两组不同水平球员仅仅在射门、1v1中的防守、丢球即刻的反抢上不满足t检验的条件，该三项指标采用Mann-Whitney U检验以判断两组运动员是否存在显著性差异，检验结果分别见表5-143。

表5-141　正态性检验

—	组别	Shapiro-Wilk		
		统计	df	显著性
渗透性传球	1	0.969	24	0.633
	2	0.947	24	0.238
一脚/两脚传球	1	0.950	24	0.276
	2	0.928	24	0.090
压力下控球	1	0.959	24	0.428
	2	0.926	24	0.078
射门	1	0.944	24	0.205
	2	0.895	24	0.017
1v1进攻	1	0.948	24	0.247
	2	0.917	24	0.050
接应同伴的移动	1	0.954	24	0.328
	2	0.952	24	0.300
1v1防守	1	0.871	24	0.005
	2	0.965	24	0.558
向边路/对方半场驱赶	1	0.917	24	0.050
	2	0.968	24	0.606
丢球即刻的反抢	1	0.923	24	0.069
	2	0.931	24	0.105
对持球人的施压	1	0.956	24	0.364
	2	0.942	24	0.177
封堵对方的传球路线	1	0.952	24	0.293
	2	0.930	24	0.100

续表

—	组别	Shapiro–Wilk		
		统计	df	显著性
得球后向前传球	1	0.932	24	0.107
	2	0.932	24	0.106

表 5–142　方差齐性检验

—	Levene 统计	df1	df2	显著性
渗透性传球	0.292	1	46	0.592
一脚/两脚传球	0.994	1	46	0.324
压力下控球	0.047	1	46	0.829
射门	1.394	1	46	0.244
1v1 进攻	0.025	1	46	0.875
接应同伴的移动	2.190	1	46	0.146
1v1 防守	1.485	1	46	0.229
向边路/对方半场驱赶	0.009	1	46	0.923
丢球即刻的反抢	8.522	1	46	0.005
对持球人的施压	1.390	1	46	0.245
封堵对方的传球路线	0.327	1	46	0.570
得球后向前传球	0.000	1	46	1.000

表 5–143　检验统计 a

—	射门	防守 1v1	丢球即刻的反抢
Mann–Whitney U	137.000	174.500	95.500
Wilcoxon W	437.000	474.500	395.500
z值	–3.150	–2.369	–4.001
渐近显著性（双尾）	0.002	0.018	0.000

由表5–144、表5–145优秀组与一般组运动员小场地比赛技战术教练员评定结果的比较可以看出，两组不同竞技能力的后卫、中场、前锋球员之间在本方进攻时的技战术评定结果均表现为优秀组好于一般组，但是仅有一脚/两脚传球、压力下的控球、1v1进攻、射门指标上在两组之间存在显著性差异；在对方控球时刻上，防守1v1表现为优秀组好于一般组，且在两组运动员之间存在显著性差异；在攻防转换时刻，丢球即刻的反抢、得球后向前传球上表现为优秀组好于一般组，且具有显著性差异，在对持球人施压、封堵对方的传球路线上的差异无统计学意义。

表5–144　优秀组与一般组运动员小场地比赛技战术特征教练员评定结果比较（1）

指标	优秀组	一般组	t值	p值
渗透性传球	2.83±0.66	2.51±0.57	1.780	$p>0.05$
一脚/两脚传球	3.13±0.58	2.21±0.50	5.943	$p<0.01$
压力下的控球	3.03±0.47	2.23±0.44	6.058	$p<0.01$
1v1进攻	2.85±0.35	2.38±0.37	4.600	$p<0.01$
接应同伴的移动	2.60±0.56	2.56±0.41	0.295	$p>0.05$
向边路/对方半场驱赶	2.50±0.48	2.33±0.45	1.296	$p>0.05$
对持球人施压	2.59±0.39	2.53±0.28	0.680	$p>0.05$
封堵对方的传球路线	2.94±0.41	2.86±0.37	0.742	$p>0.05$
得球后向前传球	3.08±0.47	2.78±0.45	2.237	$p<0.05$

表5–145　优秀组与一般组运动员小场地比赛技战术特征教练员评定结果比较（2）

指标	优秀组	一般组	z值	p值
射门	2.88±0.40	2.52±0.33	–3.150	$p<0.01$
1v1防守	2.98±0.45	2.63±0.43	–2.369	$p<0.05$
丢球即刻的反抢	3.13±0.57	2.42±0.33	–4.001	$p<0.01$

基于上述选材指标体系的初步筛选，发现各位置的各项数据之间存在较为明显的差别，这可能是初级选材和各位置训练内容的重点不同所造成，因此，本节对同一位置不同水平组运动员进行了对比研究。在充分考虑足球运动专项特征的基础上，采用参数和非参数检验方法对场上不同位置的不同竞技水平运动员的实地测试数据进行统计分析。分别筛选出守门员、后卫、中场、前锋四个位置球员的形态、机能、素质、心理、专项技术和比赛技战术表现六个模块各自的选材指标，进一步完成了选材指标体系的构建。

第二节　选材指标统计筛选

在对不同位置足球运动员选材指标进行初步筛选之后，在相关的竞技能力方面涉及的指标依然较多，会增大测试的难度，而且各个变量之间可能存在着错综复杂的相关关系，不利于选材实践过程中的操作，因此本研究在足球运动专项特征的基础之上进一步采用因子分析、相关分析的统计方法与德尔菲法相结合的方法从前述的较多指标中提取少数的典型性变量，使之既能反映原来变量中较为全面的信息，又使最终确定的选材指标之间尽可能地彼此不相关。

一、形态指标

（一）守门员形态

表5-146中守门员形态指标KMO统计量为0.232＜0.5，Bartlett球形检验显著性水平p值0.000＜0.001，检验结果表明守门员的形态指标变量

不适合做因子分析，故采用德尔菲法对典型形态指标进行筛选和权重的评定，结果见表5–147。

表5–146　KMO统计量和Bartlett球形检验

KMO统计量和Bartlett球形检验		
KMO统计量		0.232
Bartlett球形检验	近似卡方	504.193
	自由度	36
	显著性	0.000

表5–147　守门员典型指标及权重

一级指标	二级指标	权重
形态	体重	0.20
	平静胸围	0.30
	大腿围	0.50

（二）后卫球员形态

表5–148检验结果中后卫球员形态指标KMO统计量为0.782＞0.5，Bartlett球形检验显著性水平p值0.000＜0.001，检验结果表明后卫球员的形态指标变量适合做因子分析。

表5–148　KMO统计量和Bartlett球形检验

KMO统计量和Bartlett球形检验		
KMO统计量		0.782
Bartlett球形检验	近似卡方	992.914
	自由度	36
	显著性	0.000

由表5–149可以看出，后卫球员前两个主成分的特征值均大于1，其累计贡献率达83.868%，故在本研究中提取前两个主成分进行因子分析，以确定后卫球员身体形态的典型选材指标。为更好地解释各项因子的意义，选择最大方差法进行旋转得到因子载荷矩阵，如表5–150所示。

表5–149　总方差解释

主成分	初始特征值			提取载荷平方和			旋转载荷平方和		
	总计	方差百分比（%）	累计（%）	总计	方差百分比（%）	累计（%）	总计	方差百分比（%）	累计（%）
1	6.454	71.711	71.711	6.454	71.711	71.711	6.245	69.389	69.389
2	1.094	12.157	83.868	1.094	12.157	83.868	1.303	14.479	83.868
3	0.642	7.138	91.006	—	—	—	—	—	—
4	0.433	4.810	95.816	—	—	—	—	—	—
5	0.250	2.778	98.594	—	—	—	—	—	—
6	0.082	0.912	99.507	—	—	—	—	—	—
7	0.031	0.346	99.853	—	—	—	—	—	—
8	0.010	0.114	99.967	—	—	—	—	—	—
9	0.003	0.033	100.000	—	—	—	—	—	—

提取方法：主成分分析，下同。

表5–150　因子载荷矩阵a

—	因子（主成分）	
	1	2
体重	0.941	—
骨骼肌	0.879	—
平静胸围	0.922	—

续表

—	因子（主成分）	
	1	2
吸气胸围	0.937	—
下肢长	—	0.648
踝围	—	0.685
大腿围	0.865	—
克托莱指数	0.962	—
瘦体重	0.881	—

提取方法：主成分分析。下同。
旋转方法：Kaiser 标准化四分法。下同。
a. 旋转在 3 次迭代后已收敛。下同。

后卫球员身体形态指标经过正交旋转后分为两类，第一类公因子反映的主要是体重、克托莱指数、胸围等信息。克托莱指数主要反映人体的围度、宽度和厚度以及人体组织的密度，它是评价人体形态发育水平和匀称度的重要复合指标。第一类公因子体现的是运动员的身体强壮程度，因此，将其命名为强壮程度因子。足球运动员因其项目的同场对抗性特点，后卫球员在比赛中的空中球争抢、在激烈对抗和跑动时高质量地完成传球、射门等技术动作都需要具备强壮的体格。

第二类公因子主要反映下肢长和踝围的信息，体现的是足球运动员身体长度和围度，故将其命名为长度和围度因子。

两类因子中具有代表性的指标为体重、大腿围、克托莱指数、下肢长、踝围，结合足球运动的专项特点，最终选择克托莱指数和下肢长作为后卫球员的选材形态指标，并用两个因子的方差贡献率除以后卫球员身体形态模块最后的累计贡献率，得出各个因子的权重，如表5–151所示。

表5–151　后卫球员身体形态指标因子分析

因子	典型指标	特征值	方差贡献率（%）	累计贡献率（%）	权重
1	大腿围	6.454	71.711	71.711	0.86
2	下肢长	1.094	12.157	83.868	0.14

（三）中场球员形态

表5–152检验结果中中场球员形态指标KMO统计量为0.835＞0.5，Bartlett球形检验显著性水平p值0.000＜0.001，检验结果表明中场球员的形态指标变量适合做因子分析。

表5–152　KMO统计量和Bartlett球形检验

KMO统计量和Bartlett球形检验		
KMO统计量		0.835
Bartlett球形检验	近似卡方	817.080
	自由度	28
	显著性	0.000

由表5–153可以看出，中场球员前两个主成分的特征值均大于1，其累计贡献率达88.430%，故在本研究中对于中场球员提取前两个主成分进行因子分析，以确定中场球员身体形态的典型选材指标。为更好地解释各项因子的意义，选择最大方差法进行旋转得到因子载荷矩阵，如表5–154所示。

表5–153　总方差解释

主成分	初始特征值			提取载荷平方和			旋转载荷平方和		
	总计	方差百分比（%）	累计（%）	总计	方差百分比（%）	累计（%）	总计	方差百分比（%）	累计（%）
1	5.721	71.516	71.516	5.721	71.516	71.516	5.606	70.077	70.077

续表

主成分	初始特征值			提取载荷平方和			旋转载荷平方和		
	总计	方差百分比（%）	累计（%）	总计	方差百分比（%）	累计（%）	总计	方差百分比（%）	累计（%）
2	1.353	16.914	88.430	1.353	16.914	88.430	1.468	18.353	88.430
3	0.631	7.883	96.313	—	—	—	—	—	—
4	0.103	1.291	97.605	—	—	—		—	—
5	0.093	1.164	98.769	—	—	—	—	—	—
6	0.062	0.776	99.544	—	—	—	—	—	—
7	0.033	0.416	99.960	—	—	—	—	—	—
8	0.003	0.040	100.000	—	—	—	—	—	—

表 5–154　因子载荷矩阵 a

—	因子（主成分）	
	1	2
身高	—	0.761
体重	0.960	—
骨骼肌	0.926	—
平静胸围	0.966	—
吸气胸围	0.950	—
呼气胸围	0.927	—
踝围/跟腱长	—	–0.870
瘦体重	0.927	—

中场球员身体形态指标经过正交旋转后分为两类，第一类公因子反映的主要是体重、瘦体重、胸围等信息，体现的是运动员的身体强壮程度和身体成分组成，因此，将其命名为身体成分因子。瘦体重，即去脂体重，

其重要组成主要是人体的骨骼肌，足球运动员在场上完成的各项技术动作、弹跳和跑动等下肢爆发性动作都在相当程度上依赖其机体骨骼肌的类型、各肌纤维所占比例，以及骨骼肌的收缩能力。

第二类公因子主要反映身高、踝围/跟腱长的信息，体现的是足球运动员身材比例，结合足球运动项目的特点，将其命名为长度因子。中场球员的身高在一定程度上不仅仅有利于全队对于空中球的争夺，同时，还可以增加其个人的防守空间，从而在本队采用压迫性防守战术时，能够有效地完成上前抢夺或者破坏对方进攻动作，马蒂奇、赫迪拉、博格巴、亚亚·图雷等球员的场上表现都能证明这一点。当然，并不是说中场球员选材时必须以身高作为唯一的规定，根据双子模型理论，其他方面竞技能力的优势可以弥补和代偿身高的不足，但是当球员其他能力相当的情况下，应选择身材较为高大的运动员。

两类因子中具有代表性的指标为体重、瘦体重、身高、踝围/跟腱长，结合足球运动的专项特点，最终选择瘦体重和身高作为中场球员的选材形态指标，并用两个因子的方差贡献率除以中场球员身体形态模块最后的累计贡献率，得出各个因子的权重，见表5–155。

表5–155　中场球员身体形态指标因子分析

因子	典型指标	特征值	方差贡献率（%）	累计贡献率（%）	权重
1	瘦体重	5.721	71.516	71.516	0.81
2	身高	1.353	16.914	88.430	0.19

（四）前锋球员形态

表5–156检验结果中前锋球员形态指标KMO统计量为$0.719>0.5$，Bartlett球形检验显著性水平p值$0.000<0.001$，检验结果表明前锋球员的形态指标变量适合做因子分析。

表5–156　KMO统计量和Bartlett球形检验

KMO统计量和Bartlett球形检验		
KMO 统计量		0.719
Bartlett 球形检验	上次读取的卡方	125.797
	自由度	6
	显著性	0.000

由表5–157、表5–158可以看出，前锋球员在形态指标上仅仅有1个主成分的特征值大于1，尽管累计贡献率到达了74.991%，但四项实测指标经过正交旋转之后未能进行分类。研究① 表明，青少年运动员的跟腱长在体育运动中起着重要的作用，跟腱长在一定程度上与机体的下肢无氧功率呈正相关关系，足球比赛中运动员需要不断地完成急停、变向、加速等各种下肢爆发性动作，因此，跟腱长就显得尤为重要。结合足球运动员项目特征和专家咨询的意见，在本研究中选择跟腱长和平静胸围作为前锋球员的形态选材指标，各指标权重等权，均为0.50。

表5–157　总方差解释

主成分	初始特征值			提取载荷平方和		
	总计	方差百分比（%）	累计（%）	总计	方差百分比（%）	累计（%）
1	3.000	74.991	74.991	3.000	74.991	74.991
2	0.769	19.223	94.215	—	—	—
3	0.179	4.472	98.686	—	—	—
4	0.053	1.314	100.000	—	—	—

① 匡卫红，陈佩杰．男性青年下肢形态与Wingate无氧功率的关系初探[J]．中国运动医学杂志，2004，23（1）：82–86.

表 5-158　因子载荷矩阵 a

—	因子（主成分）
	1
跟腱长	0.578
平静胸围	0.964
吸气胸围	0.942
呼气胸围	0.922

二、身体机能指标

（一）守门员机能指标

守门员机能指标KMO统计量为0.309＜0.5，Bartlett球形检验显著性水平p值0.000＜0.001，检验结果表明守门员的身体机能指标变量不适合做因子分析，如表5-159所示。

表 5-159　KMO 统计量和 Bartlett 球形检验

KMO统计量和Bartlett球形检验		
KMO统计量		0.309
Bartlett球形检验	近似卡方	307.685
	自由度	10
	显著性	0.000

肺活量和最大通气量都反映肺部通气能力，在此首先对于二者进行相关分析，探求二者之间是否存在较高的相关性，从而确定二者是否都需纳入选材指标体系。在分析二者的相关关系时应考虑Pearson需要满足的条件，首先二者均应是随机变量，且指标数据均要满足正态分布，各观测值相互独立，同时变量肺活量和最大通气量所做的散点图要服从线性趋势。

经统计检验，发现二者的相关关系分析应使用斯尔皮曼（Spearman）非参数相关的方法。

通过相关性分析发现，守门员的最大通气量和最大通气量/体重测试数据之间的相关系数为0.878，在0.01水平上显著相关，与肺活量之间的相关系数在0.05水平上呈显著相关，如表5-160所示。而肺活量与最大通气量/体重的测试结果之间没有显现出显著相关性。在此，遵循运动员选材基本原则中的可行性和操作性原则，结合专家的意见，最终采用肺活量、最大通气量/体重两种测试指标作为青少年足球运动员选材指标，本研究在此通过德尔菲法对两项机能指标进行筛选和权重的评定，结果见表5-161。

表5-160 肺活量、最大通气量和最大通气量/体重之间的相关性

—			肺活量	最大通气量	最大通气量/体重
斯皮尔曼等级相关系数	肺活量	相关系数	1.000	0.387*	0.218
		显著性（双尾）	—	0.042	0.266
		N	28	28	28
斯皮尔曼等级相关系数	最大通气量	相关系数	0.387*	1.000	0.878**
		显著性（双尾）	0.042	—	0.000
		N	28	28	28
	最大通气量/体重	相关系数	0.218	0.878**	1.000
		显著性（双尾）	0.266	0.000	—
		N	28	28	28

*表示相关性在0.05级别显著（双尾）。下同。

**表示相关性在0.01级别显著（双尾）。下同。

表5–161　守门员典型指标及权重

一级指标	二级指标	权重
机能	最大通气量/体重	0.50
	肺活量	0.50

（二）后卫机能指标

后卫球员机能指标KMO统计量为0.328＜0.5，Bartlett球形检验显著性水平p值0.000＜0.001，检验结果表明后卫球员的身体机能指标变量不适合做因子分析，如表5–162所示。

表5–162　KMO统计量和Bartlett球形检验

KMO统计量和Bartlett球形检验		
KMO统计量		0.328
Bartlett球形检验	近似卡方	636.032
	自由度	10
	显著性	0.000

表5–163为四个指标间两两相关程度的描述，本研究根据指标的相关情况并结合专家意见对优秀组和一般组具有显著性差异的肺活量、肺活量/体重、最大通气量/体重、最大通气量四项机能指标进行筛选和权重的评定，结果如表5–164所示。

表5–163　后卫球员肺活量、最大通气量、肺活量/体重和最大通气量/体重之间的相关性

—			肺活量	最大通气量	肺活量/体重	最大通气量/体重
斯皮尔曼等级相关系数	肺活量	相关系数	1.000	0.396**	0.764**	0.240

续表

—			肺活量	最大通气量	肺活量/体重	最大通气量/体重
斯皮尔曼等级相关系数	肺活量	显著性（双尾）	—	0.001	0.000	0.058
		N	63	63	63	63
	最大通气量	相关系数	0.396**	1.000	0.148	0.888**
		显著性（双尾）	0.001	—	0.248	0.000
		N	63	63	63	63
	肺活量/体重	相关系数	0.764**	0.148	1.000	0.264*
		显著性（双尾）	0.000	0.248	—	0.037
		N	63	63	63	63
	最大通气量/体重	相关系数	0.240	0.888**	0.264*	1.000
		显著性（双尾）	0.058	0.000	0.037	—
		N	63	63	63	63

表5-164　后卫球员典型指标及权重

一级指标	二级指标	权重
机能	最大通气量	0.50
	肺活量/体重	0.50

（三）中场球员机能指标

中场球员机能指标KMO统计量为0.415＜0.5，Bartlett球形检验显著性水平p值0.000＜0.000，检验结果表明后卫球员的身体机能指标变量不适合做因子分析，如表5-165所示。

表5-165　KMO统计量和Bartlett球形检验

KMO统计量和Bartlett球形检验		
KMO统计量		0.415
Bartlett球形检验	近似卡方	423.134
	自由度	6
	显著性	0.000

遵循运动员选材的基本原则中简便易行的原则，使用Spss软件对两组不同水平之间具有显著性差异的机能指标，即最大通气量/体重和最大通气量进行相关性分析，以求达到优化指标体系的作用，如表5-166所示。

表5-166　中场球员最大通气量/体重与最大通气量相关性

—			最大通气量	最大通气量/体重
斯皮尔曼等级相关系数	最大通气量	相关系数	1.000	0.844**
		显著性（双尾）	—	0.000
		N	59	59
	最大通气量/体重	相关系数	0.844**	1.000
		显著性（双尾）	0.000	—
		N	59	59

由表5-166可知，中场球员的最大通气量与最大通气量指数的测试数据之间呈极显著相关，相关系数达到0.844，因此，采用专家调查法对优秀组和一般组具有显著性差异且两指标间存在显著相关的最大通气量/体重、最大通气量进行筛选和权重的评定，结果如表5-167所示。

表5–167　中场球员典型指标及权重

一级指标	二级指标	权重
机能	最大通气量/体重	1.00

（四）前锋球员机能指标

表5–168检验结果中前锋球员形态指标KMO统计量为0.463＜0.5，Bartlett球形检验显著性水平p值0.008＞0.001，检验结果表明前锋球员的机能指标变量不适合做因子分析。遵循运动员选材的基本原则中简便易行的原则，使用Spss软件对两组不同水平之间具有显著性差异的机能指标最大通气量/体重和最大通气量进行相关性分析，以求达到优化指标体系的作用。

表5–168　KMO统计量和Bartlett球形检验

KMO统计量和Bartlett球形检验		
KMO统计量		0.463
Bartlett球形检验	近似卡方	7.088
	自由度	1
	显著性	0.008

由表5–169可知，前锋球员的最大通气量与最大通气量/体重的测试数据之间呈极显著相关，因此，采用专家调查法对优秀组和一般组具有显著性差异且两指标间存在显著相关的最大通气量/体重、最大通气量进行筛选和权重的评定，结果见表5–170。

表5–169　前锋球员最大通气量/体重与最大通气量相关性

—			最大通气量	最大通气量/体重
斯皮尔曼等级相关系数	最大通气量	相关系数	1.000	0.487**
		显著性（双尾）	—	0.003
		N	36	36
	最大通气量/体重	相关系数	0.487**	1.000
		显著性（双尾）	0.003	—
		N	36	36

表5–170　前锋球员典型指标及权重

一级指标	二级指标	权重
机能	最大通气量/体重	1.00

三、运动素质指标

（一）守门员运动素质指标

表5–171检验结果中前锋球员形态指标KMO统计量为0.316＜0.5，Bartlett球形检验显著性水平p值0.000＜0.001，检验结果表明守门员的运动素质指标变量不适合做因子分析，故采用德尔菲法对T形跑、优势脚踢远、非优势脚踢远、优势脚踢远/体重、非优势脚踢远/体重、Yo–Yo跑六项机能指标进行筛选和权重的评定，结果见表5–172。

表 5–171　KMO 统计量和 Bartlett 球形检验

KMO 统计量和Bartlett球形检验		
KMO 统计量		0.316
Bartlett 球形检验	上次读取的卡方	220.447
	自由度	15
	显著性	0.000

表 5–172　守门员典型指标及权重

一级指标	二级指标	权重
运动素质	T形跑	0.60
	优势脚踢远	0.40

（二）后卫球员运动素质指标

表5–173检验结果中后卫球员运动素质指标KMO统计量为0.623＞0.5，Bartlett球形检验显著性水平p值0.000＜0.001，检验结果表明后卫球员的运动素质指标变量适合做因子分析。

表 5–173　KMO 统计量和 Bartlett 球形检验

KMO统计量和Bartlett球形检验		
KMO 统计量		0.623
Bartlett 球形检验	上次读取的卡方	636.226
	自由度	55
	显著性	0.000

由表5–174可以看出，后卫球员前三个主成分的特征值均大于1，第四个主成分的特征值接近于1，且方差百分比与第三主成分相差不大，它们的累计贡献率达83.516%，故在本研究中提取前四个主成分进行因子分

析，以确定后卫球员运动素质的典型选材指标。为了更好地解释各项因子的意义，选择最大方差法进行旋转得到因子载荷矩阵，如表5–175所示。

表5–174　总方差解释

主成分	初始特征值			提取载荷平方和			旋转载荷平方和		
	总计	方差百分比（%）	累计（%）	总计	方差百分比（%）	累计（%）	总计	方差百分比（%）	累计（%）
1	4.687	42.606	42.606	4.687	42.606	42.606	3.047	27.700	27.700
2	1.961	17.832	60.437	1.961	17.832	60.437	2.716	24.692	52.392
3	1.582	14.378	74.815	1.582	14.378	74.815	2.467	22.423	74.815
4	0.957	8.701	83.516	0.957	8.701	83.516	—	—	—
5	0.670	6.090	89.605	—	—	—	—	—	—
6	0.474	4.308	93.914	—	—	—	—	—	—
7	0.283	2.577	96.490	—	—	—	—	—	—
8	0.191	1.732	98.222	—	—	—	—	—	—
9	0.154	1.403	99.625	—	—	—	—	—	—
10	0.021	0.193	99.818	—	—	—	—	—	—
11	0.020	0.182	100.000	—	—	—	—	—	—

表5–175　因子载荷矩阵a

—	因子（主成分）			
	1	2	3	4
5米信号跑	0.916	−0.145	−0.078	0.073
10米跑	0.265	−0.148	0.029	0.772
20米跑	0.941	−0.127	−0.229	0.057
30米跑	0.878	−0.170	−0.313	−0.045
T形跑	0.563	−0.450	−0.258	0.248

续表

—	因子（主成分）			
	1	2	3	4
左腿跳跃	−0.260	0.058	0.945	0.094
非优势脚踢远	−0.193	0.788	−0.053	0.257
优势脚踢远	−0.136	0.891	0.178	0.094
Yo−Yo跑	−0.155	0.395	0.118	0.773
左腿跳跃/身高	−0.234	0.080	0.954	0.035
优势脚踢远/体重	−0.125	0.874	0.031	−0.153

后卫球员身体素质指标经过正交旋转后分为四类，第一类因子为速度和灵敏因子，第二类因子为足球力量因子，第三类因子为下肢爆发力因子，第四类因子为耐力因子。四类因子中具有代表性的指标为20米跑、5米信号跑、T形跑、非优势脚踢远、优势脚踢远、左腿跳跃、左腿跳跃/身高、Yo−Yo跑。结合足球运动的专项特点，最终选择20米跑、优势脚踢远、左腿跳跃、Yo−Yo跑作为后卫球员的选材素质指标，并用四个因子的方差贡献率除以后卫球员身体素质模块最后的累计贡献率，得出各个因子的权重，如表5−176所示。

表5−176　后卫球员素质指标因子分析

因子	典型指标	特征值	方差贡献率（%）	累计贡献率（%）	权重
1	20米跑	4.687	42.606	42.606	0.51
2	优势脚踢远	1.961	17.832	60.437	0.21
3	左腿跳跃	1.582	14.378	74.815	0.17
4	Yo−Yo跑	0.957	8.701	83.516	0.11

（三）中场球员运动素质指标

表5−177检验结果中中场球员运动素质指标KMO统计量为0.697＞

0.5，Bartlett球形检验显著性水平p值0.000＜0.001，检验结果表明中场球员的运动素质指标变量适合做因子分析。

表5–177　KMO统计量和Bartlett球形检验

KMO 统计量和Bartlett球形检验		
KMO 统计量		0.697
Bartlett 球形检验	上次读取的卡方	450.225
	自由度	45
	显著性	0.000

由表5–178可以看出，中场球员前三个主成分的特征值均大于1，它们的累计贡献率达到74.630%，故在本研究中提取前三个主成分进行因子分析，以确定中场球员运动素质的典型选材指标。为了更好地解释各项因子的意义，选择最大方差法进行旋转得到因子载荷矩阵，如表5–179所示。

表5–178　总方差解释

主成分	初始特征值			提取载荷平方和			旋转载荷平方和		
	总计	方差百分比（%）	累计（%）	总计	方差百分比（%）	累计（%）	总计	方差百分比（%）	累计（%）
1	4.637	46.367	46.367	4.637	46.367	46.367	3.272	32.715	32.715
2	1.575	15.748	62.115	1.575	15.748	62.115	2.803	28.025	60.741
3	1.251	12.515	74.630	1.251	12.515	74.630	1.389	13.890	74.630
4	0.829	8.289	82.919	—	—	—	—	—	—
5	0.762	7.621	90.540	—	—	—	—	—	—
6	0.336	3.357	93.897	—	—	—	—	—	—
7	0.305	3.048	96.945	—	—	—	—	—	—
8	0.206	2.055	99.000	—	—	—	—	—	—

续表

主成分	初始特征值			提取载荷平方和			旋转载荷平方和		
	总计	方差百分比（%）	累计（%）	总计	方差百分比（%）	累计（%）	总计	方差百分比（%）	累计（%）
9	0.074	0.740	99.740	—	—	—	—	—	—
10	0.026	0.260	100.000	—	—	—	—	—	—

表5–179　因子载荷矩阵a

—	因子（主成分）		
	1	2	3
5米信号跑	0.811	–0.354	0.029
10米跑	0.422	0.187	0.671
20米跑	0.912	–0.259	–0.007
30米跑	0.876	–0.222	–0.119
T形跑	0.630	–0.500	0.012
蹲起跳跃	–0.436	–0.224	0.586
非优势脚踢远	–0.217	0.903	0.080
优势脚踢远	–0.403	0.746	0.194
Yo–Yo跑	–0.084	0.156	0.731
非优势脚踢远/体重	–0.181	0.911	0.042

由表5–179可见，中场球员身体素质指标经过正交旋转后分为三类，第一类因子为速度和灵敏因子，第二类因子为足球力量因子，第三类因子为耐力因子。三类因子中具有代表性的指标为20米跑、30米跑、T形跑、非优势脚踢远、优势脚踢远、Yo–Yo跑，结合足球运动的专项特点，最终选择20米跑、非优势脚踢远、Yo–Yo跑作为中场球员的选材素质指标，并用三个因子的方差贡献率除以中场球员身体素质模块最后的累计贡献率，得出各个因子的权重，如表5–180所示。

表5-180　中场球员素质指标因子分析

因子	典型指标	特征值	方差贡献率（%）	累计贡献率（%）	权重
1	20米跑	4.637	46.367	46.367	0.53
2	非优势脚踢远	1.575	15.748	62.115	0.24
3	Yo-Yo跑	1.251	12.515	74.630	0.14

（四）前锋球员运动素质指标

表5-181检验结果中前锋球员运动素质指标KMO统计量为0.482＜0.5，Bartlett球形检验显著性水平p值0.000＜0.001，检验结果表明前锋球员的运动素质指标变量不适合做因子分析。对反映下肢力量素质的优势脚踢远和优势脚踢远/体重指标进行相关分析，以精简相关性程度较高的指标，结果发现两者之间显著性相关，故采用德尔菲法对优秀组和一般组两组之间具有显著性差异的T形跑、优势脚踢远、优势脚踢远/体重、10米跑三项身体素质指标进行筛选和权重的评定，结果见表5-182。

表5-181　KMO统计量和Bartlett球形检验

KMO 统计量和Bartlett球形检验		
KMO 统计量		0.482
Bartlett 球形检验	上次读取的卡方	90.081
	自由度	6
	显著性	0.000

表5-182　前锋球员身体素质典型指标及权重

一级指标	二级指标	权重
运动素质	T形跑	0.33
	10米跑	0.33
	优势脚踢远	0.33

四、专项技术指标

（一）守门员专项技术指标

表5–183检验结果中守门员技术特征指标KMO统计量为0.466＜0.5，Bartlett球形检验显著性水平p值0.000＜0.001，检验结果表明守门员的技术特征指标变量不适合做因子分析，故采用德尔菲法对优秀组和一般组两组之间具有显著性差异的非优势脚长传、长传总得分、手抛球三项专项技术测试指标进行筛选和权重的评定，结果见表5–184。

表5–183　KMO统计量和Bartlett球形检验

KMO 统计量和Bartlett球形检验		
KMO 统计量		0.466
Bartlett 球形检验	上次读取的卡方	26.024
	自由度	3
	显著性	0.000

表5–184　守门员专项技术典型指标及权重

一级指标	二级指标	权重
专项技术	长传总得分	0.50
	手抛球	0.50

（二）后卫球员专项技术指标

表5–185检验结果中后卫球员技术特征指标KMO统计量为0.434＜0.5，Bartlett球形检验显著性水平p值0.000＜0.001，检验结果表明后卫球员的技术特征指标变量不适合做因子分析，故采用德尔菲法对优秀组和一般组两组之间具有显著性差异的非优势脚长传、优势脚长传、长传总得分、非优势脚射门、射门总得分、组合技术时间六项专项技术测试指标进行筛选

和权重的评定，结果见表5–186。

表5–185　KMO统计量和Bartlett球形检验

KMO 统计量和Bartlett球形检验		
KMO 统计量		0.434
Bartlett 球形检验	上次读取的卡方	26.024
	自由度	3
	显著性	0.000

表5–186　后卫球员专项技术典型指标及权重

一级指标	二级指标	权重
专项技术	优势脚长传	0.60
	组合技术时间	0.40

（三）中场球员专项技术指标

表5–187检验结果中中场球员专项技术指标KMO统计量为0.744＞0.5，Bartlett球形检验显著性水平p值0.000＜0.001，检验结果表明中场球员的专项技术测试指标变量适合做因子分析。

表5–187　KMO统计量和Bartlett球形检验

KMO 统计量和Bartlett球形检验		
KMO 统计量		0.744
Bartlett 球形检验	上次读取的卡方	109.584
	自由度	15
	显著性	0.000

由表5–188可以看出，中场球员前两个主成分的特征值均大于1，而

且它们的累计贡献率也达到了65.918%，故在本研究中提取前两个主成分进行因子分析，以确定中场球员专项技术测试的典型选材指标。为了更好地解释各项因子的意义，选择最大方差法进行旋转得到因子载荷矩阵，如表5–189所示。

表5–188　总方差解释

组件	初始特征值			提取载荷平方和			旋转载荷平方和		
	总计	方差百分比（%）	累计（%）	总计	方差百分比（%）	累计（%）	总计	方差百分比（%）	累计（%）
1	2.877	47.950	47.950	2.877	47.950	47.950	2.266	37.774	37.774
2	1.078	17.967	65.918	1.078	17.967	65.918	1.447	24.112	61.886
3	0.773	12.884	78.801	—	—	—	—	—	—
4	0.549	9.143	87.944	—	—	—	—	—	—
5	0.524	8.741	96.685	—	—	—	—	—	—
6	0.199	3.315	100.000	—	—	—	—	—	—

表5–189　因子载荷矩阵a

—	因子（主成分）	
	1	2
非优势脚短传	0.920	0.068
短传总得分	0.886	0.100
非优势脚长传	0.496	0.571
优势脚长传	0.703	0.296
非优势脚射门	0.013	0.751
组合技术时间	–0.186	–0.747

由表5–189可见，中场球员专项技术指标经过正交旋转后分为两类，第一类因子为传球准确性因子，第二类因子为射门准确性因子。两类因子中具有代表性的指标为非优势脚射门、优势脚长传、非优势脚短传、短传总得分，结合足球运动的专项特点和中场球员竞技能力需要的重要程度，最终选择非优势脚短传、非优势脚射门作为中场球员的专项技术选材指标，并用两个因子的方差贡献率除以中场球员专项技术测试模块最后的累计贡献率，得出各个因子的权重，如表5–190所示。

表5–190　中场球员技术指标因子分析

因子	典型指标	特征值	方差贡献率（%）	累计贡献率（%）	权重
1	非优势脚短传	2.877	47.950	47.950	0.73
2	非优势脚射门	1.078	17.967	65.918	0.27

（四）前锋球员专项技术指标

检验结果中前锋球员专项技术指标KMO统计量为0.563＞0.5，Bartlett球形检验显著性水平p值0.000＜0.001，检验结果表明前锋球员的专项技术测试指标变量适合做因子分析，如表5–191所示。

表5–191　KMO统计量和Bartlett球形检验

KMO 统计量和Bartlett检验		
KMO 统计量		0.563
Bartlett 球形检验	上次读取的卡方	41.484
	自由度	6
	显著性	0.000

由表5–192可以看出，前锋球员前两个主成分的特征值均大于1，而且它们的累计贡献率达到80.325%，故在本研究中提取前两个主成分进行

因子分析，以确定前锋球员专项技术测试的典型选材指标。为了更好地解释各项因子的意义，选择最大方差法进行旋转得到因子载荷矩阵，如表5–193所示。

表5–192　总方差解释

主成分	初始特征值			提取载荷平方和			旋转载荷平方和		
	总计	方差百分比（%）	累计（%）	总计	方差百分比（%）	累计（%）	总计	方差百分比（%）	累计（%）
1	2.159	53.983	53.983	2.159	53.983	53.983	1.758	43.959	43.959
2	1.054	26.341	80.325	1.054	26.341	80.325	1.455	36.366	80.325
3	0.568	14.212	94.536	—	—	—	—	—	—
4	0.219	5.464	100.000	—	—	—	—	—	—

由表5–193可见，前锋球员专项技术指标经过正交旋转后分为两类，第一类因子为传球准确性因子，第二类因子为射门准确性因子。两类因子中具有代表性的指标为优势脚短传、短传总得分、射门总得分，结合足球运动的专项特点和前锋位置运动员竞技能力需要的重要程度，最终选择短传总得分、射门总得分作为前锋球员的专项技术选材指标，并用两个因子的方差贡献率除以前锋球员专项技术测试模块最后的累计贡献率，得出各个因子的权重，如表5–194所示。

表5–193　因子载荷矩阵a

—	因子（主成分）	
	1	2
优势脚短传	0.866	0.350
短传总得分	0.946	–0.012

续表

—	因子（主成分）	
	1	2
射门总得分	–0.009	0.887
组合技术时间	–0.336	–0.738

表5–194　前锋球员技术指标因子分析

因子	典型指标	特征值	方差贡献率（%）	累计贡献率（%）	权重
1	短传总得分	2.159	53.983	53.983	0.67
2	射门总得分	1.054	26.341	80.325	0.33

五、心理指标

（一）守门员心理指标

表5–195检验结果中守门员心理指标KMO统计量为0.620＞0.5，Bartlett球形检验显著性水平p值0.000＜0.001，检验结果表明守门员的心理测试指标变量适合做因子分析。

表5–195　KMO统计量和Bartlett球形检验

KMO 统计量和Bartlett球形检验		
KMO 统计量		0.620
Bartlett 球形检验	上次读取的卡方	165.749
	自由度	55
	显著性	0.000

由表5–196可以看出，守门员位置前四个主成分的特征值均大于1，而且它们的累计贡献率达到80.227%，故在本研究中的选材指标优化筛选

中提取前四个主成分进行因子分析，以确定守门员位置运动员心理测试的典型选材指标。为了更好地解释各项因子的意义，选择最大方差法进行旋转得到因子载荷矩阵，如表5-197所示。

表5-196　总方差解释

主成分	初始特征值			提取载荷平方和			旋转载荷平方和		
	总计	方差百分比（%）	累计（%）	总计	方差百分比（%）	累计（%）	总计	方差百分比（%）	累计（%）
1	4.523	41.115	41.115	4.523	41.115	41.115	3.326	30.233	30.233
2	1.916	17.420	58.535	1.916	17.420	58.535	2.737	24.880	55.113
3	1.265	11.503	70.037	1.265	11.503	70.037	1.446	13.147	68.259
4	1.121	10.190	80.227	1.121	10.190	80.227	1.316	11.968	80.227
5	0.645	5.864	86.091	—	—	—	—	—	—
6	0.511	4.647	90.738	—	—	—	—	—	—
7	0.355	3.231	93.970	—	—	—	—	—	—
8	0.298	2.708	96.678	—	—	—	—	—	—
9	0.164	1.489	98.167	—	—	—	—	—	—
10	0.135	1.228	99.395	—	—	—	—	—	—
11	0.067	0.605	100.000	—	—	—	—	—	—

表5-197　因子载荷矩阵a

—	因子（主成分）			
	1	2	3	4
注意的分配	0.688	0.273	0.026	0.052
目标专注	0.132	0.860	–0.168	–0.194

续表

—	因子（主成分）			
	1	2	3	4
情绪控制	0.369	0.558	0.108	–0.516
家庭支持	0.048	0.624	–0.636	0.130
人际协助	0.168	0.841	0.055	0.342
左手反应时	–0.214	–0.165	0.868	–0.008
左手反应正确次数	0.574	0.627	–0.277	–0.048
右手反应正确次数	0.887	0.125	–0.152	–0.102
左脚反应正确次数	0.830	0.200	0.245	0.236
右脚反应时	–0.846	0.185	0.289	–0.102
右脚反应正确次数	0.319	0.073	–0.039	0.893

由表5–197可见，守门员心理指标经过正交旋转后分为四大类，第一类因子为上肢反应正确性因子，第二类因子为心理韧性因子，第三类因子为上肢反应快速性因子，第四类为下肢反应正确性因子。结合足球运动的专项特点和守门员位置运动员的竞技能力需要的重要程度，最终选择右手反应正确次数、目标专注、左手反应时、右脚反应正确次数作为守门员的心理选材指标，并用四个因子的方差贡献率除以守门员心理测试模块最后的累计贡献率，得出各个因子的权重，如表5–198所示。

表5–198　守门员心理指标因子分析

因子	典型指标	特征值	方差贡献率（%）	累计贡献率（%）	权重
1	右手反应正确次数	4.523	41.115	41.115	0.51
2	目标专注	1.916	17.420	58.535	0.22
3	左手反应时	1.265	11.503	70.037	0.14
4	右脚反应正确次数	1.121	10.190	80.227	0.13

（二）后卫球员心理指标

表5-199检验结果中后卫球员心理指标KMO统计量0.666＞0.5，Bartlett球形检验显著性水平p值0.000＜0.001，检验结果表明后卫球员的心理测试指标变量适合做因子分析。

表5-199　KMO统计量和Bartlett球形检验

KMO 统计量和Bartlett球形检验		
KMO 统计量		0.666
Bartlett 球形检验	上次读取的卡方	105.246
	自由度	36
	显著性	0.000

如表5-200所示，后卫位置前三个主成分的特征值均大于1，而且它们的累计贡献率达到59.581%，故在本研究中的选材指标优化筛选中提取前三个主成分进行因子分析，以确定后卫位置的运动员心理测试的典型选材指标。为了更好地解释各项因子的意义，选择最大方差法进行旋转得到因子载荷矩阵，如表5-201所示。

表5-200　总方差解释

主成分	初始特征值			提取载荷平方和			旋转载荷平方和		
	总计	方差百分比（%）	累计（%）	总计	方差百分比（%）	累计（%）	总计	方差百分比（%）	累计（%）
1	2.804	31.157	31.157	2.804	31.157	31.157	1.955	21.720	21.720
2	1.501	16.674	47.831	1.501	16.674	47.831	1.949	21.656	43.376
3	1.057	11.750	59.581	1.057	11.750	59.581	1.458	16.205	59.581
4	0.885	9.831	69.412	—	—	—	—	—	—

续表

主成分	初始特征值			提取载荷平方和			旋转载荷平方和		
	总计	方差百分比（%）	累计（%）	总计	方差百分比（%）	累计（%）	总计	方差百分比（%）	累计（%）
5	0.776	8.620	78.032	—	—	—	—	—	—
6	0.606	6.736	84.768	—	—	—	—	—	—
7	0.568	6.316	91.085	—	—	—	—	—	—
8	0.475	5.274	96.359	—	—	—	—	—	—
9	0.328	3.641	100.000	—	—	—	—	—	—

表5-201　因子载荷矩阵a

—	因子（主成分）		
	1	2	3
注意的分配	0.292	0.070	0.718
注意的广度	0.045	-0.153	0.785
目标专注	0.632	0.389	0.223
情绪控制	0.354	0.686	-0.005
家庭支持	0.117	0.709	-0.074
人际协助	0.148	0.574	-0.297
左手反应正确次数	0.762	0.119	0.087
左脚反应时	0.115	-0.664	-0.419
右脚反应正确次数	0.844	0.108	0.020

由表5-201可见，后卫球员心理指标经过正交旋转后分为三大类，第一类因子为下肢反应正确性因子，第二类因子为心理韧性因子，第三类因子为注意力因子。结合足球运动的专项特点和后卫位置运动员的竞技能力需要的重要程度，最终选择右脚反应正确次数、情绪控制、注意的广度作

为后卫球员的心理选材指标，并用三个因子的方差贡献率除以后卫球员心理测试模块最后的累计贡献率，得出各个因子的权重，如表5–202所示。

表5–202　后卫球员心理指标因子

因子	典型指标	特征值	方差贡献率（%）	累计贡献率（%）	权重
1	右脚反应正确次数	2.804	31.157	31.157	0.52
2	情绪控制	1.501	16.674	47.831	0.28
3	注意的广度	1.057	11.750	59.581	0.20

（三）中场球员心理指标

检验结果中中场球员心理指标KMO统计量0.676＞0.5，Bartlett球形检验显著性水平p值0.000＜0.001，检验结果表明中场球员的心理测试指标变量适合做因子分析，如表203所示。

表5–203　KMO统计量和Bartlett球形检验

KMO 统计量和Bartlett球形检验		
KMO 统计量		0.676
Bartlett 球形检验	上次读取的卡方	112.990
	自由度	36
	显著性	0.000

由表5–204可以看出，中场位置球员前三个主成分的特征值均大于1，累计贡献率达到60.195%，由于第四成分的特征值接近1，并且其贡献率与第三成分相接近，故在中场球员心理特征指标的因子分析中选取了前四个主成分进行因子分析，以确定中场球员位置运动员心理测试的典型选材指标。为了更好地解释各项因子的意义，选择最大方差法进行旋转得到因子载荷矩阵，如表5–205所示。

表5-204　总方差解释

主成分	初始特征值			提取载荷平方和			旋转载荷平方和		
	总计	方差百分比（%）	累计（%）	总计	方差百分比（%）	累计（%）	总计	方差百分比（%）	累计（%）
1	3.021	33.570	33.570	3.021	33.570	33.570	2.342	26.023	26.023
2	1.367	15.186	48.756	1.367	15.186	48.756	2.006	22.294	48.317
3	1.029	11.439	60.195	1.029	11.439	60.195	1.069	11.878	60.195
4	0.923	10.259	70.454	0.923	10.259	70.454	—	—	—
5	0.810	9.003	79.457	—	—	—	—	—	—
6	0.593	6.587	86.044	—	—	—	—	—	—
7	0.520	5.773	91.817	—	—	—	—	—	—
8	0.462	5.135	96.953	—	—	—	—	—	—
9	0.274	3.047	100.000	—	—	—	—	—	—

表5-205　因子载荷矩阵a

—	因子（主成分）			
	1	2	3	4
注意的分配	0.171	0.198	0.715	0.072
注意的转移	0.815	0.059	0.165	0.049
目标专注	0.035	0.096	0.807	−0.187
情绪控制	−0.026	0.824	0.327	0.109
家庭支持	0.253	0.623	0.301	−0.142
人际协助	0.399	0.746	−0.209	−0.119
右手反应正确次数	0.607	0.340	0.213	0.260
左脚反应时	0.001	−0.073	−0.121	0.938

续表

—	因子（主成分）			
	1	2	3	4
右脚反应正确次数	0.826	0.120	−0.060	−0.168

由表5–205可见，中场球员心理指标经过正交旋转后分为四大类，第一类因子为反应正确性因子，第二类因子为心理韧性因子，第三类因子为注意因子，第四类为反应快速性因子。同时，结合足球运动的专项特点和中场位置球员的竞技能力需要的重要程度，最终选择右脚反应正确次数、情绪控制、注意的分配、左脚反应时作为中场球员的心理选材指标，并用四个因子的方差贡献率除以该位置心理测试模块最后的累计贡献率，得出各个因子的权重，如表5–206所示。

表5–206　中场球员心理指标因子分析

因子	典型指标	特征值	方差贡献率（%）	累计贡献率（%）	权重
1	右脚反应正确次数	3.021	33.570	33.570	0.48
2	情绪控制	1.367	15.186	48.756	0.22
3	注意的分配	1.029	11.439	60.195	0.16
4	左脚反应时	0.923	10.259	70.454	0.14

（四）前锋球员心理指标

表5–207检验结果中守门员心理指标KMO统计量0.661 > 0.5，Bartlett球形检验显著性水平p值0.000 < 0.001，此检验结果表明前锋球员的心理测试指标变量适合做因子分析。

表 5–207　KMO 统计量和 Bartlett 球形检验

KMO 统计量和 Bartlett 球形检验		
KMO 统计量		0.661
Bartlett 球形检验	上次读取的卡方	109.204
	自由度	45
	显著性	0.000

由表 5–208 可见，前锋位置前三个主成分的特征值均大于 1，而且它们的累计贡献率也达到了 64.559%，故在此位置的选材指标优化筛选中提取前三个主成分进行因子分析，以确定前锋位置球员心理测试的典型选材指标。为了更好地解释各项因子的意义，选择最大方差法进行旋转得到因子载荷矩阵，如表 5–209 所示。

表 5–208　总方差解释

主成分	初始特征值			提取载荷平方和			旋转载荷平方和		
	总计	方差百分比（%）	累计（%）	总计	方差百分比（%）	累计（%）	总计	方差百分比（%）	累计（%）
1	3.566	35.664	35.664	3.566	35.664	35.664	2.356	23.564	23.564
2	1.562	15.623	51.287	1.562	15.623	51.287	2.313	23.127	46.691
3	1.327	13.272	64.559	1.327	13.272	64.559	1.787	17.868	64.559
4	0.869	8.693	73.252	—	—	—	—	—	—
5	0.657	6.568	79.821	—	—	—	—	—	—
6	0.600	6.002	85.823	—	—	—	—	—	—
7	0.561	5.615	91.438	—	—	—	—	—	—
8	0.401	4.009	95.446	—	—	—	—	—	—
9	0.260	2.604	98.050	—	—	—	—	—	—

续表

主成分	初始特征值			提取载荷平方和			旋转载荷平方和		
	总计	方差百分比（%）	累计（%）	总计	方差百分比（%）	累计（%）	总计	方差百分比（%）	累计（%）
10	0.195	1.950	100.000	—	—	—	—	—	—

表5–209　因子载荷矩阵a

—	因子（主成分）		
	1	2	3
注意的分配	0.670	–0.065	0.414
注意的广度	0.056	0.770	0.139
注意的稳定性	0.055	0.843	0.282
注意的转移	0.137	0.132	0.762
目标专注	0.384	0.640	–0.307
情绪控制	0.808	0.184	–0.129
家庭支持	0.433	0.670	0.122
人际协助	0.550	0.131	0.438
右脚反应时	0.009	–0.139	–0.786
右脚反应正确次数	0.770	0.245	–0.023

由表5–209可见，前锋球员心理指标经过正交旋转后分为三大类，第一类因子为心理韧性因子，第二类因子为注意力因子，第三类因子为反应快速性因子。结合足球运动的专项特点和前锋位置球员竞技能力需要的重要程度，最终选择情绪控制、注意的稳定性、右脚反应时作为前锋球员的心理选材指标，并用三个因子的方差贡献率除以前锋球员心理测试模块最后的累计贡献率，得出各个因子的权重，如表5–210所示。

表5-210　前锋球员心理指标因子分析

因子	典型指标	特征值	方差贡献率（%）	累计贡献率（%）	权重
1	情绪控制	3.566	35.664	35.664	0.55
2	注意的稳定性	1.562	15.623	51.287	0.24
3	右脚反应时	1.327	13.272	64.559	0.21

本部分主要是采用因子分析、相关分析的统计筛选和专家筛选相结合的方法对选材指标体系的进一步筛选达到精简和优化，并最终筛选出守门员、后卫球员、中场球员、前锋球员各自的形态、机能、素质、心理、专项技术和比赛技战术表现，形成全方位、多维度的综合选材指标体系。

第三节　选材指标相关评价标准的建立

一、选材指标体系和权重的确定

（一）一级指标权重

在进行多维度、多因素的体育科学分析过程中，科学地确定相关指标的权重是完成研究所要解决的问题的关键。根据统计学原理，将青少年足球运动员的选材指标体系的权重之和视为1，各模块的指标权重通常使用小数表示，即指标相应的权重系数，这反映了研究中运动员各个选材评价指标在整体中相对重要的程度，以及所占比例大小的量化值。指标权重对于青少年男子足球运动员的选材评价起到非常重要的作用，指标的权重大小是该指标在选材中重要程度的体现，选材应该重点关注和测评那些权重较大的指标。

为了确定青少年男子足球运动员身体形态、身体机能、身体素质、心理、技术等一级指标在整个选材指标体系中的权重系数，本研究参照各项指标在该年龄段选材实践中的重要程度向15名专家进行问卷调查，最终确定的一级指标权重情况如表5–211、表5–212、表5–213、表5–214如示。

表5–211　守门员选材一级指标权重

指标	权重
形态	0.10
机能	0.05
素质	0.15
心理	0.20
技术	0.20
比赛技战术表现	0.30

表5–212　后卫球员选材一级指标权重

指标	权重
形态	0.10
机能	0.05
素质	0.15
心理	0.20
技术	0.20
比赛技战术表现	0.30

表5-213　中场球员选材一级指标权重

指标	权重
形态	0.05
机能	0.05
素质	0.15
心理	0.20
技术	0.25
比赛技战术表现	0.30

表5-214　前锋球员选材一级指标权重

指标	权重
形态	0.05
机能	0.05
素质	0.20
心理	0.20
技术	0.20
比赛技战术表现	0.30

（二）二级指标及权重

不同位置的足球运动员的竞技能力特征存在着一定的差异，特别是在守门员和场内其他三个位置球员之间，前锋、后卫、中场球员也在技战术能力的要求和需要方面有所不同。因此，在因子分析中，利用各个主成分的方差贡献率除以该位置球员相应测试模块最后的累计贡献率，得出各个因子的权重，以确定守门员、后卫、中场、前锋球员的二级指标的权重。而对于无法进行因子分析的指标，则采用相关性分析结合德尔菲法确定相关指标的权重。如表5-215、表5-216、表5-217、表5-218所示。

表 5–215　守门员选材指标体系及权重

一级指标	类权重	二级指标	指标权重
形态	0.10	体重	0.20
		平静胸围	0.30
		大腿围	0.50
机能	0.05	最大通气量/体重	0.50
		肺活量	0.50
素质	0.15	T形跑	0.60
		优势脚踢远	0.40
心理	0.20	右手反应正确次数	0.51
		目标专注	0.22
		左手反应时	0.14
		右脚反应正确次数	0.13
技术	0.20	长传总得分	0.50
		手抛球	0.50
比赛技战术表现	0.30	控球中的传球	0.15
		1v1防守	0.20
		扑救	0.25
		出击	0.20
		向前手抛球	0.10
		接应同伴传球的移动	0.10

表5-216　后卫球员选材指标体系及权重

一级指标	类权重	二级指标	指标权重
形态	0.10	大腿围	0.86
		下肢长	0.14
机能	0.05	最大通气量	0.50
		肺活量/体重	0.50
素质	0.15	左腿跳跃	0.17
		优势脚踢远	0.21
素质	0.15	20米跑	0.51
		Yo-Yo跑	0.11
心理	0.20	右脚反应正确次数	0.52
		情绪控制	0.28
		注意的广度	0.20
技术	0.20	优势脚长传	0.60
		组合技术时间	0.40
比赛技战术表现	0.30	一脚/两脚传球	0.15
		压力下控球	0.15
		1v1进攻	0.10
		射门	0.05
		1v1防守	0.25
		得球后向前传球	0.15
		丢球即刻的反抢	0.15

表 5–217　中场球员选材指标体系及权重

一级指标	类权重	二级指标	指标权重
形态	0.05	身高	0.19
		瘦体重	0.81
机能	0.05	最大通气量/体重	1.00
素质	0.15	非优势脚踢远	0.24
		20米跑	0.53
		Yo–Yo跑	0.23
心理	0.20	右脚反应正确次数	0.48
		情绪控制	0.22
心理	0.20	注意的分配	0.16
		左脚反应时	0.14
技术	0.25	非优势脚短传	0.73
		非优势脚射门	0.27
比赛技战术表现	0.30	一脚/两脚传球	0.10
		压力下控球	0.25
		1v1进攻	0.15
		射门	0.10
		防守1v1	0.10
		得球后向前传球	0.10
		丢球即刻的反抢	0.20

表 5–218　前锋球员选材指标体系及权重

一级指标	类权重	二级指标	指标权重
形态	0.05	平静胸围	0.5
		跟腱长	0.5

续表

一级指标	类权重	二级指标	指标权重
机能	0.05	最大通气量/体重	1.00
素质	0.20	10米跑	0.33
		T形跑	0.33
		优势脚踢远	0.33
心理	0.20	右脚反应时	0.21
		情绪控制	0.55
		注意的稳定性	0.24
技术	0.20	短传总得分	0.67
		射门总得分	0.33
比赛技战术表现	0.30	一脚/两脚传球	0.15
		压力下控球	0.15
		1v1进攻	0.20
		射门	0.20
比赛技战术表现	0.30	1v1防守	0.05
		得球后向前传球	0.10
		丢球即刻的反抢	0.15

本研究最终确定的选材指标中各位置运动员比赛技战术表现的评定需要依靠多名教练员或者专家长期积累的宝贵经验进行打分评定。

教练员评定是选材指标的重要方面。运动员在比赛中的技能和战术能力很难像身体形态、素质等指标一样通过客观的测量与测试数据来进行比较。从专家咨询的结果和运动选材理论来看，教练员的评定在选材中仍然处于较为重要的地位，在各个位置上的运动员选材指标中占有较大的权重，在所有位置指标权重均为0.3。

二、选材指标评价方法的确定及相关评价标准的建立

（一）单项选材指标评分标准

针对具有辨别能力的选材指标制定相应客观的评分标准，以判断运动员竞技能力某个方面的优良程度，是保证17岁足球运动员的选材实践科学性的重要前提。基于对不同位置运动员的形态、机能、素质、技术、心理的实地测试统计数据的筛选，本研究将两组不同竞技能力水平青少年足球运动员的选材指标实测值通过百分位数法计算确定了各模块的单项评分标准。评分标准分为五个等级，与分值和百分位数相应的区间对应，将各位置足球运动员的实测数据转换成为分值，具体如表5–219所示。

表5–219　选材指标单项评分等级对照

百分位数	分值	等级
P_{90}以上（含P_{90}）	100	5
$P_{70}\sim P_{90}$（不含P_{90}）	80	4
$P_{30}\sim P_{70}$（不含P_{70}）	60	3
$P_{10}\sim P_{30}$（不含P_{30}）	40	2
P_{10}以下	20	1

由上可知，守门员、后卫、中场、前锋球员选材的一级和二级指标以及指标的权重有所不同，因此，本研究分别制定不同位置运动员的选材评价相关标准。

1. 守门员评价公式

Y（形态）＝0.20×体重的单项得分＋0.30×平静胸围的单项得分＋0.50×大腿围的单项得分

Y（机能）＝0.50×最大通气量/体重的单项得分＋0.50×肺活量的单项得分

Y（身体素质）＝0.60×T形跑的单项得分＋0.40×优势脚踢远的单项得分

Y（心理）＝0.22×目标专注的单项得分＋0.14×左手反应时的单项得分＋0.13×右脚反应正确次数的单项得分＋0.51×右手反应正确次数的单项得分

Y（技术）＝0.50×手抛球的单项得分＋0.50×长传总得分

为了使现实中对17岁青少年足球运动员的评价更为方便，本研究将守门员各个模块的类权重和指标权重分配到各项指标当中，制成最终的守门员相关选材指标的单项评价标准，如表5–220所示。将守门员的所有选材指标数据输入Spss软件中，从菜单中打开“分析”中的“描述统计”，然后点击“频率”，在统计量对话框中选择“百分位数法”，分别输入“90%、70%、30%、10%”，根据选材指标单项评分对照表制成5级评定标准。

表5–220　守门员实测指标单项评分

指标	5级		4级		3级		2级		1级	
	标准	得分	标准	得分	标准	得分	标准	得分	标准	得分
体重（千克）	74.5以上	2.0	74.4～71.3	1.6	71.2～64.3	1.2	64.2～61.7	0.80	61.7以下	0.4
平静胸围（厘米）	94.0以上	3.0	93.9～88.4	2.4	88.3～84.8	1.8	84.7～79.7	1.2	79.7以下	0.6
大腿围（厘米）	59.7以上	5.0	59.6～56.8	4.0	56.7～54.0	3.0	53.9～47.9	2.0	47.9以下	1.0
最大通气量/体重	2.35以上	2.5	2.34～1.89	2.0	1.88～1.61	1.5	1.60～1.33	1.0	1.33以下	0.5
肺活量（毫升）	5553以上	2.5	5552～5268	2.0	5267～4271	1.5	4270～2950	1.0	2950以下	0.5

续表

指标	5级		4级		3级		2级		1级	
	标准	得分	标准	得分	标准	得分	标准	得分	标准	得分
T形跑（秒）	10.24以下	9.0	10.25～10.99	7.2	11.00～11.54	5.4	11.55～11.99	3.6	11.99以上	1.8
优势脚踢远（米）	54.6以上	6.0	54.5～52.0	4.0	51.9～44.4	3.6	44.3～35.7	2.4	35.7以下	1.2
右手反应正确次数	10	10.2	9	8.16	8～7	6.12	6	4.08	6以下	2.04
目标专注	22.1以上	4.4	22～20	3.52	19～17	2.64	16	1.76	16以下	0.88
左手反应时	395.70以下	2.8	395.69～419.42	2.24	419.43～473.51	1.68	473.52～497.83	1.12	497.83以上	0.56
右脚反应正确次数	10	2.6	9	2.08	8～7	1.56	6	1.04	6以下	0.52
长传总得分	6以上	10	5～4	8	3～2	6	1	4	1以下	2
手抛球	36.73以上	10	36.72～34.37	8	34.36～31.00	6	30.99～28.88	4	28.88以下	2

2.后卫球员评价公式

Y（形态）＝0.86×大腿围的单项得分＋0.14×下肢长的单项得分

Y（机能）＝0.50×最大通气量的单项得分＋0.50×肺活量/体重的单项得分

Y（身体素质）＝0.17×左腿跳跃的单项得分＋0.21×优势脚踢远的单项得分＋0.51×20米跑的单项得分＋0.11×Yo–Yo跑的单项得分

Y（心理）＝0.28×情绪控制的单项得分＋0.20×注意的广度的单项得分＋0.52×右脚反应正确次数的单项得分

Y（技术）＝0.40×组合技术时间的单项得分＋0.60×优势脚长传的单项得分

为了使现实中对17岁青少年足球运动员的评价更为方便，本研究将后卫球员各个模块的类权重和指标权重分配到各项指标当中，制成17岁后卫球员以定量评价为手段的相关选材指标单项评分标准，如表5–221所示。将后卫的所有选材指标数据输入Spss软件中，从菜单中打开“分析”中的“描述统计”，然后点击“频率”，在统计量对话框中选择“百分位数法”，分别输入“90%、70%、30%、10%”，根据选材指标单项评分对照表制成5级评定标准。

表5–221　后卫队员实测指标单项评分

指标	5级		4级		3级		2级		1级	
	标准	得分	标准	得分	标准	得分	标准	得分	标准	得分
大腿围（厘米）	60.3以上	8.6	60.2～57.4	6.88	57.3～52.7	5.16	52.6～50.5	3.44	50.5以下	1.72
下肢长（厘米）	94.9以上	1.4	94.8～91.1	1.12	90.0～87.4	0.84	87.3～84.2	0.56	84.2以下	0.28
最大通气量（升）	157.8以上	2.5	157.7～136.1	2	136.0～108.8	1.5	108.7～87.6	1	87.6以下	0.5
肺活量/体重	86.1以上	2.5	86.0～76.3	2	76.2～66.7	1.5	66.6～55.1	1	55.1以下	0.5
左腿跳跃（厘米）	30.29以上	2.55	30.28～27.32	2.04	27.31～23.42	1.53	23.41～19.69	1.02	19.69以下	0.51
优势脚踢远（米）	53.6以上	3	53.5～48.96	2.4	48.95～43.00	1.8	42.99～34.26	1.2	34.26以下	0.6
20米跑（秒）	3.520以下	7.65	3.521～3.643	6.12	3.644～3.755	4.59	3.756～3.866	3.06	3.866以上	1.53
Yo-Yo跑（秒）	3660以上	1.8	3640～3440	1.44	3420～2380	1.08	2360～1840	0.72	1840以下	0.36
右脚反应正确次数	10	10.4	10～9	8.32	8～7	6.24	6～5	4.16	5以下	2.08
情绪控制	26以上	5.6	25～23	4.48	22～20	3.36	19～16	2.24	16以下	1.12

续表

指标	5级		4级		3级		2级		1级	
	标准	得分	标准	得分	标准	得分	标准	得分	标准	得分
注意的分配	31以上	4	30～28	3.2	27～20	2.4	19～15	1.6	15以下	0.8
优势脚长传	4以上	12	3	9.6	2	7.2	1	4.8	1以下	2.4
组合技术时间	66.32以下	8	66.33～76.13	6.4	76.14～83.61	4.8	83.62～90.33	3.2	90.33以上	1.6

3. 中场球员评价公式

Y（形态）＝0.19×身高的单项得分＋0.81×瘦体重的单项得分

Y（机能）＝最大通气量/体重的单项得分

Y（身体素质）＝0.53×20米跑的单项得分＋0.24×非优势脚踢远的单项得分＋0.23×Yo–Yo跑的单项得分

Y（心理）＝0.22×情绪控制的单项得分＋0.16×注意的分配的单项得分＋0.48×右脚反应正确次数的单项得分＋0.14×左脚反应时的单项得分

Y（技术）＝0.73×非优势脚短传的单项得分＋0.27×非优势脚射门的单项得分

为了使现实中对17岁青少年足球运动员的评价更为方便，本研究将中场球员各个模块的类权重和指标权重分配到各项指标当中，制成中场球员以定量评价为手段的相关选材指标单项评分标准，如表5–222所示。将中场球员的所有选材指标数据输入Spss软件中，从菜单中打开“分析”中的“描述统计”，然后点击“频率”，在统计量对话框中选择“百分位数法”，分别输入“90%、70%、30%、10%”，根据选材指标单项评分对照表制成5级评定标准。

表5-222　中场球员实测指标单项评分

指标	5级		4级		3级		2级		1级	
	标准	得分	标准	得分	标准	得分	标准	得分	标准	得分
身高（厘米）	181.2以上	0.95	181.1～177.2	0.76	177.1～172.0	0.57	171.9～165	0.38	165以下	0.19
瘦体重（千克）	63.3以上	4.05	63.2～57.8	3.24	57.7～52.8	2.43	52.7～47.2	1.62	47.2以下	0.81
最大通气量/体重	2.40以上	5	2.39～2.16	4	2.15～1.72	3	1.71～1.55	2	1.55以下	1
非优势脚踢远（米）	48以上	3.6	47.9～41.0	2.88	40.9～33.0	2.16	32.9～26.0	1.44	26以下	0.72
20米跑（秒）	3.540以下	7.95	3.541～3.659	6.36	3.660～3.801	4.77	3.802～3.975	3.18	3.975以上	1.59
Yo-Yo跑（秒）	3680以上	2.1	3660～3440	1.68	3420～2600	1.26	2580～2000	0.84	2000以下	0.42
右脚反应正确次数	10	9.6	9	7.68	8～7	5.76	6	3.84	6以下	1.92
情绪控制	26以上	4.4	25～24	3.52	23～20	2.64	19～15	1.76	15以下	0.88
注意的分配	32以上	3.2	31～26	2.56	25～20	1.92	19～16	1.28	16以下	0.64
左脚反应时	439.2以下	2.8	439.3～524.7	2.24	524.8～664.4	1.68	664.5～875.1	1.12	875.1以上	0.56
非优势脚射门	4以上	6.75	3	5.4	2	4.05	1	2.7	1以下	1.35
非优势脚短传	5以上	18.25	4	14.6	3	10.95	2～1	7.3	1以下	3.65

4.前锋球员评价公式

Y（形态）＝0.50×平静胸围的单项得分＋0.50×跟腱长的单项得分

Y（机能）＝最大通气量/体重的单项得分

Y（身体素质）＝0.33×T形跑的单项得分＋0.33×优势脚踢远的单项得分＋0.33×10米跑的单项得分

Y（心理）＝0.55×情绪控制的单项得分＋0.24×注意的稳定性的单项得分＋0.21×右脚反应时的单项得分

Y（技术）＝0.67×短传总得分的单项得分＋0.33×射门总得分的单项得分

为了使现实中对17岁青少年足球运动员的评价更为方便，本研究将前锋球员各个模块的类权重和指标权重分配到各项指标当中，制成17岁前锋球员的以定量评价为手段的相关选材指标单项评分标准，如表5-223所示。将前锋的所有选材指标数据输入Spss软件中，从菜单中打开“分析”中的“描述统计”，然后点击“频率”，在统计量对话框中选择“百分位数法”，分别输入“90%、70%、30%、10%”，根据选材指标单项评分对照表制成5级评定标准。

表5-223　前锋实测指标单项评分

指标	5级		4级		3级		2级		1级	
	标准	得分	标准	得分	标准	得分	标准	得分	标准	得分
平静胸围（厘米）	89.0以上	2.5	88.9～85.4	2	85.3～82.8	1.5	82.7～80.7	1	80.7以下	0.5
跟腱长（厘米）	29.3以上	2.5	29.2～28.3	2	28.2～26.2	1.5	26.1～22.8	1	22.8以下	0.5
最大通气量/体重	2.52以上	5	2.51～2.14	4	2.13～1.82	3	1.81～1.35	2	1.35以下	1
10米跑（秒）	2.230以下	6.8	2.231～2.359	5.44	2.360～2.445	4.08	2.446～2.913	2.72	2.914以上	1.36
T形跑（秒）	10.12以下	6.6	10.13～10.31	5.28	10.32～11.11	3.96	11.12～11.62	2.64	11.62以上	1.32
优势脚踢远（米）	54.0以上	6.6	53.9～51.9	5.28	51.8～40.6	3.96	40.5～37.0	2.64	37.0以下	1.32
右脚反应时	413.9以下	4.2	414.0～515.8	3.36	515.9～678.0	2.52	678.1～708.0	1.68	708.1以上	0.84

续表

指标	5级		4级		3级		2级		1级	
	标准	得分	标准	得分	标准	得分	标准	得分	标准	得分
情绪控制	27以上	11	26～25	8.8	24～18	6.6	17～14	4.4	14以下	2.2
注意的稳定性	25以上	4.8	24～21	3.84	20～19	2.88	18～15	1.92	15以下	0.96
短传总得分	11以上	13.4	10～9	10.72	8～7	8.04	6～5	5.36	5以下	2.68
射门总得分	10以上	6.6	9～8	5.28	7～5	3.96	4	2.64	4以下	1.32

（二）选材指标的综合评价方法及回代检验

1.选材指标的综合评价方法

评价的本质是价值的确定和判断，它是通过对照某些标准对测试结果进行判断，并赋予这种结果一定的意义和价值，青少年足球运动员选材评价就是对反映其竞技能力现实状况的评价，一般采用相对评价和绝对评价两种评价方式。

足球运动员的选材实践工作主要是由各运动队和教练员完成，是教练员基于参与本次测试的运动员的总体表现给予各个球员的评定。本研究中的小场地比赛是在球队的集合冬训期间完成的，不同地区不同竞技能力水平的运动员随即被分到各个小组中，相关指标的结果可以进行横向对比分析。小场地比赛技战术表现的相关指标的评定不宜制订统一的选材指标评价标准，但在进行实地选材工作中应该结合受测运动员其他方面的评分标准采用小场地比赛教练员对于运动员的技战术表现进行评定并完成选拔。

根据选材指标的权重确定各位置运动员的技战术表现评定方式如下。

守门员：Y（比赛技战术表现的评定）＝30×0.15×控球中的传球的评分/5＋30×0.20×1v1防守的评分/5＋30×0.25×扑救球的评分/5＋0.20×出击的评分/5＋0.10×向前手抛球的评分/5＋0.10×接应同伴传球的移动的评分/5。如表5-224所示。

表5–224　守门员技战术表现指标的权重

一级指标	类权重	二级指标	指标权重
比赛技战术表现	0.30	控球中的传球	0.15
		1v1防守	0.20
		扑救	0.25
		出击	0.20
		向前手抛球	0.10
		接应同伴传球的移动	0.10

后卫：Y（比赛技战术表现的评定）＝30×0.15×一脚/两脚传球的评分/5＋30×0.15×压力下控球的评分/5＋30×0.10×1v1进攻的评分/5＋30×0.05×射门的评分/5＋30×0.25×1v1防守的评分/5＋30×0.15×得球后向前传球的评分/5＋30×0.15×丢球后即刻的反抢的评分/5。如表5–225所示。

表5–225　后卫球员技战术表现指标的权重

一级指标	类权重	二级指标	指标权重
比赛技战术表现	0.30	一脚/两脚传球	0.15
		压力下控球	0.15
		1v1进攻	0.10
		射门	0.05
		1v1防守	0.25
		得球后向前传球	0.15
		丢球即刻的反抢	0.15

中场：Y（比赛技战术表现的评定）＝30×0.10×一脚/两脚传球的

评分/5＋30×0.25×压力下控球的评分/5＋30×0.15×1v1进攻的评分/5＋30×0.10×射门的评分/5＋30×0.10×1v1防守的评分/5＋30×0.10×得球后向前传球的评分/5＋30×0.20×丢球后即刻的反抢的评分/5。如表5–226所示。

表5–226　中场球员技战术表现指标的权重

一级指标	类权重	二级指标	指标权重
比赛技战术表现	0.30	一脚/两脚传球	0.10
		压力下控球	0.25
		1v1进攻	0.15
		射门	0.10
		1v1防守	0.10
		得球后向前传球	0.10
		丢球即刻的反抢	0.20

前锋：Y（比赛技战术表现的评定）＝30×0.15×一脚/两脚传球的评分/5＋30×0.15×压力下控球的评分/5＋30×0.20×1v1进攻的评分/5＋30×0.20×射门的评分/5＋30×0.05×1v1防守的评分/5＋30×0.10×得球后向前传球的评分/5＋30×0.15×丢球后即刻的反抢的评分/5。如表5–227所示。

表5–227　前锋球员技战术表现指标的权重

一级指标	类权重	二级指标	指标权重
比赛技战术表现	0.30	一脚/两脚传球	0.15
		压力下控球	0.15
		1v1进攻	0.20
		射门	0.20

续表

一级指标	类权重	二级指标	指标权重
比赛技战术表现	0.30	1v1防守	0.05
		得球后向前传球	0.10
		丢球即刻的反抢	0.15

根据上述比赛技战术表现评定方法，最终综合各模块指标的权重确定选材对象的评价公式为：

Y（综合得分）＝形态的得分＋机能的得分＋素质的得分＋心理的得分＋技术的得分＋技战术教练员评定的得分

2.选材指标综合评价的检验

本研究已经通过对我国17岁男子青少年足球运动员的各项初步选材指标进行实地测试的数据进行差异性检验、因子分析和非参数相关分析，结合专家的意见将选材指标按照位置不断优化，并制订出形态、素质、机能、技术和心理等可以进行定量分析的相关指标的单项评分标准，以及运动员最终的评价方法。最后，欲将本研究受测对象的选材指标体系包含的所有指标测试数据进行回代检验，以证实拟定的我国17岁青少年男子足球运动员选材指标体系构建的合理性，以及综合评价方法的科学性。

利用Spss22.0软件的具体检验步骤和方法如下：

第一，进行随机抽样，整理其中部分优秀组和一般组运动员的原始数据，剔除各位置选材指标体系之外的无关数据，根据位置的划分分别建立运动员的选材指标体系数据库。

第二，将球员选材指标测试结果，对照各指标单项评分表的分值，计算出身体形态、身体素质、机能、心理和专项技术方面各自模块的得分，然后得到运动员的总得分。

第三，将运动员的总得分按照10%、30%、70%、90%的百分位数进行等级划分，五个不同总分区间的等级对应不同程度的竞技水平。

第四，将优秀组和一般组运动员的评价等级进行对比，若两组运动员的差异性检验结果具有显著性，则表明建立的我国17岁青少年男子足球运动员选材指标体系和相关的单项评分标准可以用于该年龄足球运动员的选材实践中，能够较好地反映各位置运动员的竞技能力水平，具有一定的科学性。

表5-228为守门员回代检验表。

表5-228　守门员回代检验的等级、总分和竞技能力水平对照

等级	总分区间
五级	81.1以上
四级	81.0 ~ 72.7
三级	72.6 ~ 59.5
二级	59.4 ~ 51.4
一级	51.3及以下

由表5-229可见，守门员位置的优秀组运动员的选材指标体系的综合评价得分的回代结果好于一般组的运动员，优秀组所有运动员的综合评分都在三级及三级以上，处在四级及四级以上的运动员占50%，而一般组运动员的综合评分在三级及三级以下。回代检验的结果表明：基于守门员选材指标体系的该综合评价方法能够较好地反映运动员的竞技能力水平，能够有效辨别精英守门员与一般守门员，可以用于我国17岁守门员的选材实践中。

表5-229　守门员回代检验结果

等级	优秀组			一般组		
	频数	百分率	累计贡献率	频数	百分率	累计贡献率
五级	1	16.7%	16.7%	—	—	—

续表

等级	优秀组			一般组		
	频数	百分率	累计贡献率	频数	百分率	累计贡献率
四级	2	33.3%	50.0%	—	—	—
三级	3	50.0%	100.0%	3	50.0%	50.0%
二级	—	—	—	2	33.3%	83.3%
一级	—	—	—	1	16.7%	100.0%
合计	6	—	—	6	—	—

由表5–230、表5–231可见，后卫位置优秀组运动员选材指标体系综合评价得分的回代结果好于一般组的运动员，优秀组所有运动员的综合评分都在三级及三级以上，处在四级及四级以上的运动员占50%，而一般组运动员的综合评分大多在三级以下，三级及三级以下的人数占总人数的87.5%。回代检验的结果表明：基于后卫球员选材指标体系的该综合评价方法能够较好地反映运动员的竞技能力水平，能够有效辨别精英运动员与一般运动员，可以用于我国17岁青少年足球运动员的选材实践中。

表5–230　后卫球员回代检验的等级、总分和竞技能力水平对照

等级	总分区间
五级	70.5及以上
四级	67.0 ~ 70.4
三级	51.8 ~ 66.9
二级	48.0 ~ 51.7
一级	47.9及以下

表5-231　后卫位置球员回代检验结果

等级	优秀组			一般组		
	频数	百分率	累计贡献率	频数	百分率	累计贡献率
五级	1	12.5%	12.5%	—	—	—
四级	3	37.5%	50.0%	1	12.5%	12.5%
三级	4	50.0%	100.0%	3	37.5%	50.0%
二级	—	—	—	4	50.0%	100.0%
一级	—	—	—	—	—	—
合计	8	—	—	8	—	—

由表5-232、5-233可见，中场位置的优秀组运动员选材指标体系综合评价得分的回代结果好于一般组的运动员，优秀组所有运动员的综合评分都在三级及三级以上，处在四级及四级以上的运动员占50%，而一般组运动员的综合评分大多在三级以下，二级以下的人数占到总人数的87.5%。回代检验的结果表明：基于中场球员选材指标体系的该综合评价方法能够较好地反映运动员的竞技能力水平，能够有效辨别精英运动员与一般运动员，可以用于我国17岁青少年男子足球运动员的选材实践中。

表5-232　中场球员回代检验的等级、总分和竞技能力水平对照

等级	总分区间
五级	74.1及以上
四级	68.8 ~ 74.0
三级	58.6 ~ 68.7
二级	49.2 ~ 58.6
一级	49.2以下

表5–233　中场位置球员回代检验结果

等级	优秀组			一般组		
	频数	百分率	累计贡献率	频数	百分率	累计贡献率
五级	1	12.5%	12.5%	—	—	—
四级	3	37.5%	50.0%	—	—	—
三级	4	50.0%	100.0%	3	37.5%	37.5%
二级	—	—	—	4	50.0%	87.5%
一级	—	—	—	1	12.5%	100.0%
合计	8	—	—	8	—	—

由表5–234、5–235可见，前锋位置优秀组运动员选材指标体系综合评价得分的回代结果好于一般组的运动员，优秀组所有运动员的综合评分都在三级及三级以上，处在四级及四级以上的运动员占62.5%，而一般组运动员的综合评分大多在三级以下，二级及以下的人数占总人数的87.5%。回代检验的结果表明：基于前锋队员选材指标体系的该综合评价方法能够较好地反映运动员的竞技能力水平，能够有效辨别精英运动员与一般水平运动员，可以用于我国17岁前锋球员的选材实践中。

表5–234　前锋球员回代检验的等级、总分和竞技能力水平对照

等级	总分区间
五级	73.3及以上
四级	70.7 ~ 73.2
三级	53.85 ~ 70.6
二级	43.2 ~ 53.84
一级	43.2以下

表5-235 前锋位置球员回代检验结果

等级	优秀组			一般组		
	频数	百分率	累计贡献率	频数	百分率	累计贡献率
五级	1	12.5%	12.5%	—	—	—
四级	4	50.0%	62.5%	—	—	—
三级	3	37.5%	100.0%	3	37.5%	37.5%
二级	—	—	—	4	50.0%	87.5%
一级	—	—	—	1	12.5%	100.0%
合计	8	—	—	8	—	—

本研究通过德尔菲法确定了守门员、后卫、中场、前锋四个位置球员选材指标体系的一级指标权重之后，主要采用主成分分析法、德尔菲法赋予选材指标体系的形态模块、机能模块、素质模块、心理模块、专项技术模块、比赛技战术表现模块的二级指标相应的权重系数。

整理所有运动员的实地测试数据，将构建的选材指标体系中形态指标、机能指标、专项技术指标、心理指标、素质指标的相应测试数据输入Spss软件中，采用百分位数法将上述模块包含的所有二级指标进行了等级划分，并根据各指标的权重制定了相应的单项评分标准，以求能够为青少年足球教练员和科研人员的选材实践提供一定程度的参考。

选材综合评价是根据运动员形态、机能、素质、心理和专项技术的得分与比赛技战术表现的教练员评定得分的相加之和予以进行，不仅体现了运动员竞技能力的整体性，而且根据场上位置特征予以指标不同的权重。本章节利用部分受试运动员的测试数据对我国17岁青少年男子足球运动员选材评价方法进行选材效果的回代检验，检验结果表明，该综合评价方法在一定程度上能够客观地反映不同水平运动员之间竞技能力的差异，可以作为我国17岁青少年男子足球运动员的选材评价方法。

第六章　12～16岁男子足球运动员选材指标体系及相关评价标准

12～16岁男子足球运动员选材指标体系构建同样遵循指标体系构建的基本原则，采用一级二级指标初选、初步筛选、统计筛选的过程和方法。在进行多维度、多因素的体育科学分析过程中，科学地确定相关指标的权重是完成研究所要解决问题的关键。根据统计学原理，将青少年足球运动员选材指标体系的权重之和视为1，各模块的指标权重通常使用小数表示，即指标相应的权重系数，反映了研究中运动员各个选材评价指标在整体中价值的高低和相对重要的程度，以及所占比例的大小量化值。指标权重对于青少年男子足球运动员的选材评价起到非常重要的作用，指标的权重大小是该指标在选材中重要程度的体现，选材应该重点关注和测评那些权重较大的指标。为了确定12～16岁青少年足球运动员身体形态、身体机能、身体素质、心理、技术等一级指标在整个选材指标体系中的权重系数，本研究针对各项指标在该年龄段选材实践中的重要程度进行专家问卷调查，通过调查结果的统计，最终确定一级指标权重。

在因子分析中，利用各个主成分的方差贡献率除以该位置球员相应测试模块最后的累计贡献率，得出各个因子的权重，以确定足球运动员选材二级指标的权重。而对于无法进行因子分析的指标，采用相关性分析结合德尔菲法确定相关指标的权重。

第一节 12岁男子足球运动员选材指标体系及相关评价标准

一、选材指标体系和指标权重

12岁男子足球运动员选材指标体系及权重如表6–1所示。

表6–1 12岁男子足球运动员选材指标体系及权重

一级指标	类权重	二级指标	指标权重
形态	0.10	克托莱指数	0.64
		小腿长+足高	0.16
		下肢长/身高 ×100	0.12
		BMI	0.08
机能	0.10	左眼下方视野	0.48
		右眼下方视野	0.23
		肺活量/体重	0.17
		最大通气量	0.12
素质	0.20	10米跑	0.65
		非优势脚踢远	0.20
		T形跑	0.15
心理	0.20	左脚反应时	0.37
		右手反应正确数	0.19

续表

一级指标	类权重	二级指标	指标权重
心理	0.20	右脚反应时	0.17
		注意的广度	0.14
		注意的分配	0.13
技术	0.40	长传总得分	0.38
		射门总得分	0.27
		优势脚短传球	0.23
		组合技术时间	0.12

二、单项选材指标评分标准

本研究将两组不同竞技能力水平的12岁青少年男子足球运动员初步筛选和统计优化，得到的选材指标实测值通过百分位数法计算以确定各位置的形态、素质、机能、技术、心理模块的单项评分标准。评分标准分为五个等级，与分值和百分位数相应的区间对应，将各位置足球运动员的实测数据转换为分值，如表6–2、表6–3所示。

表6–2　12岁男子足球运动员选材指标单项评分等级对照

百分位数	分值	等级
P_{90}及以上	100	5
P_{70} ~ P_{90}（不含P_{90}）	80	4
P_{30} ~ P_{70}（不含P_{70}）	60	3
P_{10} ~ P_{30}（不含P_{30}）	40	2
P_{10}以下	20	1

表6–3　实测指标单项评分

指标	5级		4级		3级		2级		1级	
	标准	得分	标准	得分	标准	得分	标准	得分	标准	得分
克托莱指数	222.1以下	6.4	222.1～251.2	5.12	252.3～287.5	3.84	287.6～308.2	2.56	308.2以上	1.28
小腿长＋足高（厘米）	45.3以上	1.6	45.2～43.0	1.28	42.9～40.8	0.96	40.7～38.3	0.64	38.3以下	0.32
下肢长/身高×100	53.4以上	1.2	53.3～51.6	0.96	51.5～49.8	0.72	49.7～48.1	0.48	48.1以下	0.24
BMI（千克/平方米）	15.3以下	0.8	15.4～16.6	0.64	16.7～18.3	0.48	18.4～19.6	0.32	19.6以上	0.16
左眼下方视野（度）	73.7以上	4.8	73.6～70.0	3.84	69.9～60.0	2.88	59.9～52.0	1.92	52.0以下	0.96
右眼下方视野（度）	75.7以上	2.3	75.6～71.0	1.84	70.9～61.9	1.38	61.8～53.3	0.92	53.3以下	0.46
肺活量/体重	106.2以上	1.7	106.1～74.1	1.36	74.0～62.6	1.02	62.5～53.3	0.68	53.3以下	0.34
最大通气量（升）	107.7以上	1.2	107.6～93.8	0.96	93.7～74.4	0.72	74.3～54.7	0.48	54.7以下	0.24
10米跑（秒）	2.424以下	13	2.425～2.500	10.4	2.501～2.644	7.8	2.645～2.788	5.2	2.788以上	2.6
非优势脚踢远（米）	28.8以上	4	28.7～23.1	3.2	23.0～18.2	2.4	18.1～13.2	1.6	13.2以下	0.8
T形跑（秒）	10.8以下	3	10.9～11.2	2.4	11.3～12.0	1.8	12.1～12.6	1.2	12.6以上	0.6
左脚反应时	445.9以下	7.4	446.0～605.7	5.92	605.8～838.7	4.44	838.8～1004.3	2.96	1004.3以上	1.48
右手反应正确数	10	3.8	9	3.04	8～7	2.28	6～5	1.52	5以下	0.76
右脚反应时	493.2以下	3.4	493.3～566.1	2.72	566.2～728.5	2.04	728.6～859.8	1.36	859.8以上	0.68
注意的广度	117以上	2.8	116～94	2.24	93～66	1.68	65～55	1.12	55以下	0.56

续表

指标	5级		4级		3级		2级		1级	
	标准	得分	标准	得分	标准	得分	标准	得分	标准	得分
注意的分配	33以上	2.6	32～26	2.08	25～19	1.56	18～13	1.04	13以下	0.52
长传总得分	5以上	15.2	4	12.16	3～2	9.12	1	6.08	0	3.04
射门总得分	10以上	10.8	9～8	8.64	7～5	6.48	4	4.32	4以下	2.16
优势脚短传球	6	9.2	5～4	7.36	3	5.52	2～1	3.68	0	1.84
组合技术时间	78.61以下	4.8	78.62～83.38	3.84	83.39～91.56	2.88	91.57～98.53	1.92	98.53以上	0.96

第二节　13岁男子足球运动员选材指标体系及相关评价标准

一、选材指标体系和指标权重

13岁男子足球运动员选材指标体系及权重如表6–4所示。

表6–4　13岁男子足球运动员选材指标体系及权重

一级指标	类权重	二级指标	指标权重
形态	0.10	BMI	0.70
		小腿长+足高	0.16
		下肢长/身高×100	0.13

续表

一级指标	类权重	二级指标	指标权重
机能	0.10	左眼左侧视野	0.55
		右眼左侧视野	0.30
		最大通气量	0.15
素质	0.20	优势脚踢远	0.50
		10米跑	0.24
		20米跑	0.14
		T形跑	0.12
心理	0.20	右脚反应时	0.41
		注意的分配	0.25
		左脚反应正确数	0.21
		注意的转移	0.13
技术	0.40	长传总得分	0.34
		射门总得分	0.30
		短传总得分	0.23
		组合技术时间	0.13

二、单项选材指标评分标准

本研究将两组不同竞技能力水平的13岁青少年男子足球运动员初步筛选和统计优化，得到的选材指标实测值通过百分位数法计算以确定各位置的形态、素质、机能、技术、心理模块的单项评分标准。评分标准分为五个等级，与分值和百分位数相应的区间对应，将各位置足球运动员的实测数据转换成为分值，如表6–5、表6–6所示。

表 6-5　选材指标单项评分等级对照

百分位数	分值	等级
P_{90}及以上	100	5
P_{70} ~ P_{90}（不含P_{90}）	80	4
P_{30} ~ P_{70}（不含P_{70}）	60	3
P_{10} ~ P_{30}（不含P_{30}）	40	2
P_{10}以下	20	1

表 6-6　实测指标单项评分

指标	5级		4级		3级		2级		1级	
	标准	得分	标准	得分	标准	得分	标准	得分	标准	得分
BMI（千克/平方米）	16.2以下	7	16.3 ~ 16.8	5.6	16.9 ~ 19.0	4.2	19.1 ~ 19.6	2.8	19.6以上	1.6
小腿长+足高（厘米）	47.2以上	1.6	47.1 ~ 44.5	1.28	44.4 ~ 41.7	0.96	41.6 ~ 39.9	0.64	39.9以下	0.32
下肢长/身高×100	51.9以上	1.3	51.8 ~ 51.0	1.04	50.9 ~ 48.8	0.78	48.7 ~ 47.7	0.52	47.7以下	0.26
左眼左侧视野（度）	86.6以上	5.5	86.5 ~ 81.0	4.4	80.9 ~ 69.8	3.3	69.7 ~ 60.4	2.2	60.4以下	1.1
右眼左侧视野（度）	69.2以上	3	69.1 ~ 62.8	2.4	62.7 ~ 54.2	1.8	54.1 ~ 50.0	1.2	50.0以下	0.6
最大通气量（升）	112.9以上	1.5	112.8 ~ 98.3	1.2	98.2 ~ 77.2	0.9	77.1 ~ 65.1	0.6	65.1以下	0.3
优势脚踢远（米）	39.6以上	10	39.5 ~ 34.7	8	34.6 ~ 27.8	6	27.7 ~ 18.5	4	18.5以下	2
10米跑（秒）	2.481以下	4.8	2.482 ~ 2.601	3.84	2.602 ~ 3.220	2.88	3.221 ~ 3.354	1.92	3.354以上	0.96
20米跑	3.833以下	2.8	3.834 ~ 3.906	2.24	3.907 ~ 4.111	1.68	4.112 ~ 4.262	1.12	4.262以上	0.56

续表

指标	5级		4级		3级		2级		1级	
	标准	得分	标准	得分	标准	得分	标准	得分	标准	得分
T形跑（秒）	10.61以下	2.4	10.62～11.16	1.92	11.17～11.75	1.44	11.76～12.80	0.96	12.80以上	0.48
右脚反应时	510.1以下	8.2	510.2～552.9	6.56	553.0～660.1	4.92	660.2～823.3	3.28	823.3以上	1.64
注意的分配	31以上	5.0	30～25	4.0	24～18	3.0	17～14	2.0	14以下	1.0
左脚反应正确数	9以上	4.2	8～7	3.36	6～5	2.52	4～2	1.68	2以下	0.84
注意的转移	160以上	2.6	159～106	2.08	105～70	1.56	69～44	1.04	44以下	0.52
长传总得分	5以上	13.6	4～3	10.88	2	8.16	1	5.44	0	2.72
射门总得分	10以上	12	9～8	9.6	7～5	7.2	4～3	4.8	3以下	2.4
短传总得分	11以上	9.2	10～9	7.36	8～6	5.52	5～4	3.68	4以下	1.84
组合技术时间	74.79以下	5.2	74.80～80.96	4.16	80.97～89.20	3.12	89.21～99.70	2.08	99.70以上	1.04

第三节　14岁男子足球运动员选材指标体系及相关评价标准

一、选材指标体系和指标权重

14岁男子足球运动员选材指标体系和权重如表6-7所示。

表6–7　14岁男子足球运动员选材指标体系及权重

一级指标	类权重	二级指标	指标权重
形态	0.10	BMI	0.51
		小腿长＋足高	0.22
		（小腿长＋足高）/下肢长×100	0.11
		胸围/身高×100	0.09
		跟腱长	0.07
机能	0.10	左眼左侧视野	0.62
		最大通气量/体重	0.25
		肺活量/体重	0.13
素质	0.20	20米跑	0.72
		右腿跳跃	0.15
		非优势脚踢远	0.13
心理	0.20	左脚反应时	0.41
		右手反应正确数	0.25
		注意的广度	0.21
		注意的转移	0.13
技术	0.40	长传总得分	0.34
		短传总得分	0.27
		优势脚射门	0.20
		非优势脚射门	0.19

二、单项选材指标评分标准

本研究将两组不同竞技能力水平的14岁青少年男子足球运动员初步筛选和统计优化，得到的选材指标实测值通过百分位数法计算以确定各位置的形态、素质、机能、技术、心理模块的单项评分标准。评分标准分为五个等级，与分值和百分位数相应的区间对应，将各位置足球运动员的实测数据转换成为分值，如表6–8、表6–9所示。

表6–8　14岁男子足球运动员选材指标单项评分等级对照

百分位数	分值	等级
P_{90}及以上	100	5
P_{70}～P_{90}（不含P_{90}）	80	4
P_{30}～P_{70}（不含P_{70}）	60	3
P_{10}～P_{30}（不含P_{30}）	40	2
P_{10}以下	20	1

表6–9　实测指标单项评分

指标	5级		4级		3级		2级		1级	
	标准	得分	标准	得分	标准	得分	标准	得分	标准	得分
BMI（千克/平方米）	16.9以下	5.1	17.0～17.7	4.08	17.8～20.1	3.06	20.2～21.4	2.04	21.4以上	1.02
小腿长+足高（厘米）	48.1以上	2.2	48.0～45.9	1.76	45.8～43.2	1.32	43.1～41.6	0.88	41.6以下	0.44
（小腿长+足高）/下肢长×100	55.8以上	1.1	55.7～54.1	0.88	54.0～52.0	0.66	51.9～50.5	0.44	50.5以下	0.22
胸围/身高×100	50.1以上	0.9	50.0～47.7	0.72	47.6～45.0	0.54	44.9～42.8	0.36	42.8以下	0.18
跟腱长（厘米）	29.2以上	0.7	29.1～27.0	0.56	26.9～24.5	0.42	24.4～22.8	0.28	22.8以下	0.14
左眼左侧视野（度）	91.2以上	6.2	91.1～84.6	4.96	84.5～72.0	3.72	71.9～60.0	2.48	60.0以下	1.24
最大通气量/体重	2.29以上	2.5	2.28～2.08	2.0	2.07～1.64	1.5	1.63～1.34	1.0	1.34以下	0.5

续表

指标	5级		4级		3级		2级		1级	
	标准	得分	标准	得分	标准	得分	标准	得分	标准	得分
肺活量/体重	72.9 以上	1.3	72.8 ~ 66.6	1.04	66.5 ~ 58.3	0.78	58.2 ~ 50.5	0.52	50.5 以下	0.26
20 米跑（秒）	3.675 以下	14.4	3.676 ~ 3.754	11.52	3.755 ~ 3.912	8.64	3.913 ~ 4.017	5.76	4.017 以上	2.88
右腿跳跃（厘米）	29.0 以上	3.0	28.9 ~ 25.7	2.4	25.6 ~ 20.1	1.8	20.0 ~ 16.6	1.2	16.6 以下	0.6
非优势脚踢远（米）	40.3 以上	2.6	40.2 ~ 35.0	2.08	34.9 ~ 30.3	1.56	30.2 ~ 21.8	1.04	21.8 以下	0.52
左脚反应时	469.5 以下	8.2	469.6 ~ 564.2	6.56	564.3 ~ 714.5	4.92	714.6 ~ 876.9	3.28	876.9 以上	1.64
右手反应正确数	10	5.0	9	4.0	8 ~ 6	3.0	5 ~ 4	2.0	4 以下	1.0
注意的广度	140 以上	4.2	139 ~ 119	3.36	118 ~ 92	2.52	91 ~ 74	1.68	74 以下	0.84
注意的转移	159 以上	2.6	158 ~ 118	2.08	117 ~ 93	1.56	92 ~ 75	1.04	75 以下	0.52
长传总得分	6 以上	13.6	5 ~ 4	10.88	3 ~ 2	8.16	1	5.44	1 以下	2.72
短传总得分	12	10.8	11 ~ 9	8.64	8 ~ 6	6.48	5 ~ 4	4.32	4 以下	2.16
优势脚射门	6	8.0	5 ~ 4	6.4	3	4.8	2 ~ 1	3.2	1 以下	1.6
非优势脚射门	6	7.6	5 ~ 4	6.1	3 ~ 2	4.56	1	3.04	1 以下	1.52

第四节　15岁男子足球运动员选材指标体系及相关评价标准

一、选材指标体系和指标权重

15岁男子足球运动员选材指标体系和权重如表6-10所示。

表6-10　15岁男子足球运动员选材指标体系及权重

一级指标	类权重	二级指标	指标权重
形态	0.10	BMI	0.56
		身高	0.24
		下肢长/身高 ×100	0.13
		（小腿长+足高）/下肢长 ×100	0.07
机能	0.10	左眼上方视野	0.64
		肺活量/体重	0.22
		最大通气量/体重	0.14
素质	0.25	20米跑	0.50
		右腿跳跃	0.22
		非优势脚踢远	0.16
		T形跑	0.12
心理	0.25	左脚反应时	0.34
		注意的稳定性	0.30
		右脚反应正确数	0.22

续表

一级指标	类权重	二级指标	指标权重
心理	0.25	注意的广度	0.14
技术	0.30	长传总得分	0.35
		短传总得分	0.27
		射门总得分	0.23
		组合技术时间	0.15

二、单项选材指标评分标准

本研究将两组不同竞技能力水平的15岁青少年男子足球运动员初步筛选和统计优化，得到的选材指标实测值通过百分位数法计算以确定各位置的形态、素质、机能、技术、心理模块的单项评分标准。评分标准分为五个等级，与分值和百分位数相应的区间对应，将各位置足球运动员的实测数据转换成为分值，如表6–11、表6–12所示。

表6–11　选材指标单项评分等级对照

百分位数	分值	等级
P_{90}及以上	100	5
$P_{70}\sim P_{90}$（不含P_{90}）	80	4
$P_{30}\sim P_{70}$（不含P_{70}）	60	3
$P_{10}\sim P_{30}$（不含P_{30}）	40	2
P_{10}以下	20	1

表6–12　实测指标单项评分

指标	5级		4级		3级		2级		1级	
—	标准	得分	标准	得分	标准	得分	标准	得分	标准	得分
BMI（千克/平方米）	17.3以下	5.6	17.4～18.7	4.48	18.8～21.5	3.36	21.6～23.3	2.24	23.3以上	1.12

续表

指标	5级		4级		3级		2级		1级	
—	标准	得分	标准	得分	标准	得分	标准	得分	标准	得分
身高（厘米）	181.9以上	2.4	181.8～177.0	1.92	176.9～170.7	1.44	170.6～167.1	0.96	167.1以下	0.48
下肢长/身高×100	52.3以上	1.3	52.2～50.7	1.04	50.6～49.4	0.78	49.3～48.2	0.52	48.2以下	0.26
（小腿长+足高）/下肢长×100	54.4以上	0.7	54.3～53.0	0.56	52.9～51.0	0.42	50.9～49.7	0.28	49.7以下	0.14
左眼上方视野（度）	59.8以上	6.4	59.7～51.2	5.12	51.1～41.0	3.84	40.9～36.0	2.56	36.0以下	1.28
肺活量/体重	82.8以上	2.2	82.7～72.2	1.76	72.1～61.8	1.32	61.7～52.4	0.88	52.4以下	0.44
最大通气量/体重	2.37以上	1.4	2.36～2.08	1.12	2.07～1.65	0.84	1.64～1.38	0.56	1.38以下	0.28
20米跑（秒）	3.593以下	12.5	3.594～3.700	10.0	3.701～3.870	7.5	3.871～4.132	5.0	4.132以上	2.5
右腿跳跃（厘米）	28.7以上	5.5	28.6～25.1	4.4	25.0～21.4	3.3	21.3～17.0	2.2	17.0以下	1.1
非优势脚踢远（米）	43.0以上	4.0	42.9～38.4	3.2	38.3～29.6	2.4	29.5～21.7	1.6	21.7以下	0.8
T形跑（秒）	10.52以下	3.0	10.53～11.10	2.4	11.11～11.91	1.8	11.92～12.97	1.2	12.97以上	0.6
左脚反应时	464.1以下	8.5	464.2～530.5	6.8	530.6～678.5	5.1	678.6～787.3	3.4	787.3以上	1.7
注意的稳定性	21以上	7.5	20～19	6.0	18～12	4.5	11～9	3.0	9以下	1.5
右脚反应正确数	10	5.5	9	4.4	8～7	3.3	6	2.2	6以下	1.1
注意的广度	124以上	3.5	123～95	2.8	94～74	2.1	73～58	1.4	58以下	0.7
长传总得分	5以上	10.5	4	8.4	3～2	6.3	1	4.2	1以下	2.1
短传总得分	12	8.1	11～9	6.48	8～7	4.86	6～4	3.24	4以下	1.62
射门总得分	9以上	6.9	8～7	5.52	6～5	4.14	4～3	2.76	3以下	1.38
组合技术时间	72.11以下	4.5	72.12～79.46	3.6	79.47～86.91	2.7	86.92～93.47	1.8	93.37以上	0.9

第五节　16岁男子足球运动员选材指标体系及相关评价标准

一、选材指标体系和指标权重

16岁男子足球运动员选材指标体系与权重如表6–13所示。

表6–13　16岁男子足球运动员选材指标体系及权重

一级指标	类权重	二级指标	指标权重
形态	0.15	大腿围	0.64
		下肢长	0.16
		骨骼肌	0.12
		（小腿长＋足高）/下肢长 ×100	0.08
机能	0.10	左眼左侧视野	0.56
		肺活量/体重	0.27
		最大通气量	0.17
素质	0.25	10米跑	0.60
		非优势脚踢远	0.22
		Yo–Yo跑	0.18
心理	0.20	右脚反应时	0.36
		注意的广度	0.27
		左脚反应正确数	0.22
		左手反应正确数	0.15

续表

一级指标	类权重	二级指标	指标权重
技术	0.30	短传总得分	0.43
		长传总得分	0.31
		射门总得分	0.26

二、单项选材指标评分标准

本研究将两组不同竞技能力水平的16岁青少年男子足球运动员初步筛选和统计优化，得到的选材指标实测值通过百分位数法计算以确定各位置的形态、素质、机能、技术、心理模块的单项评分标准。评分标准分为五个等级，与分值和百分位数相应的区间对应，将各位置足球运动员的实测数据转换成为分值，如表6–14、表6–15所示。

表6–14　选材指标单项评分等级对照

百分位数	分值	等级
P_{90}及以上	100	5
P_{70} ~ P_{90}（不含P_{90}）	80	4
P_{30} ~ P_{70}（不含P_{70}）	60	3
P_{10} ~ P_{30}（不含P_{30}）	40	2
P_{10}以下	20	1

表6–15　实测指标单项评分

指标	5级		4级		3级		2级		1级	
	标准	得分	标准	得分	标准	得分	标准	得分	标准	得分
大腿围（厘米）	59.8以上	9.6	59.7 ~ 55.5	7.68	55.4 ~ 52.1	5.76	52.0 ~ 50.6	3.84	50.6以下	1.92
下肢长（厘米）	93.1以上	2.4	93.0 ~ 89.7	1.92	89.6 ~ 85.8	1.44	85.7 ~ 82.8	0.56	82.8以下	0.48

续表

指标	5级		4级		3级		2级		1级	
	标准	得分	标准	得分	标准	得分	标准	得分	标准	得分
骨骼肌（千克）	36.3以上	1.8	36.2～33.6	1.44	33.5～30.3	1.08	30.2～26.9	0.72	26.9以下	0.36
（小腿长+足高）/下肢长×100	54.4以上	1.2	54.3～52.9	0.96	52.8～51.1	0.72	51.0～50.0	0.48	50.0以下	0.24
左眼左侧视野（度）	90.0以上	5.6	89.9～83.4	4.48	83.3～75.0	3.36	74.9～66.4	2.24	66.4以下	1.12
肺活量/体重	87.2以上	2.7	87.1～76.8	2.16	76.7～67.6	1.62	67.5～58.7	1.08	58.7以下	0.54
最大通气量（升）	143.7以上	1.7	143.6～127.1	1.36	127.0～106.2	1.02	106.1～85.7	0.68	85.7以下	0.34
10米跑（秒）	2.235以下	15	2.236～2.296	12	2.297～2.416	9	2.417～2.508	6	2.508以上	3
非优势脚踢远（米）	48以上	5.5	47～40	4.4	39～33	3.3	32～26	2.2	26以下	1.1
Yo-Yo跑（秒）	3600以上	4.5	3580～3200	3.6	3180～2280	2.7	2260～1840	1.8	1840以下	0.9
右脚反应时	451.6以下	7.2	451.7～496.4	5.76	496.5～622.9	4.32	623.0～731.0	2.88	731.0以上	1.44
注意的广度	138以上	5.4	137～112	4.32	111～90	3.24	89～74	4.8	74以下	1.08
左脚反应正确数	8以上	4.4	7	3.52	6～5	2.64	4～3	1.76	3以下	0.88
左手反应正确数	10	3.0	9	2.4	8	1.8	7	1.2	6以下	0.6
短传总得分	12以上	12.9	11～10	10.32	9～7	7.74	6～5	5.16	5以下	2.58
长传总得分	6以上	9.3	5	7.44	4～2	5.58	1	3.72	0	1.86
射门总得分	10以上	7.8	9～8	6.24	7～5	4.68	4	3.12	4以下	1.56

后 记

近几年来，我国“三大球”后备人才培养相关问题成为体育理论界的研究热点，尤其是我国足球运动员的选材与发展这一话题。国内许多学者从不同的研究视角切入，对该领域进行了深入的探索和研究。本人对足球运动员选材相关问题的研究始于博士研究生阶段，毕业后陆续对该领域相关问题进行了深化与拓展研究，经过两三年的调研访谈、数据整理，结合专家重要意见，竭力完成了本次研究任务。由于时间和水平所限，本研究成果难免存在疏漏和不足之处，其中提出的一些观点未必成熟，有些问题还需要进一步深入探索和研究。本研究抛砖引玉提出本人的一些想法，希望能够引起更多学者关注，出现更多青少年足球运动员选材相关的高水平研究成果，以指导实践工作，促进我国足球运动的发展。

本课题研究得到了国家体育总局有关部门、各省市足球运动管理中心及协会、山东鲁能足球学校、浙江杭州绿城足球学校等足球后备人才培养单位领导和同志的大力支持与帮助，在此一并对他们表示感谢！

同时，感谢本课题组成员在课题实施过程中的辛苦付出，感谢中央民族出版社赵秀琴社长兼总编辑为本书出版付出的辛勤劳动。

孙哲

2023年3月